日本の遺跡 50

富沢遺跡

斎野裕彦 著

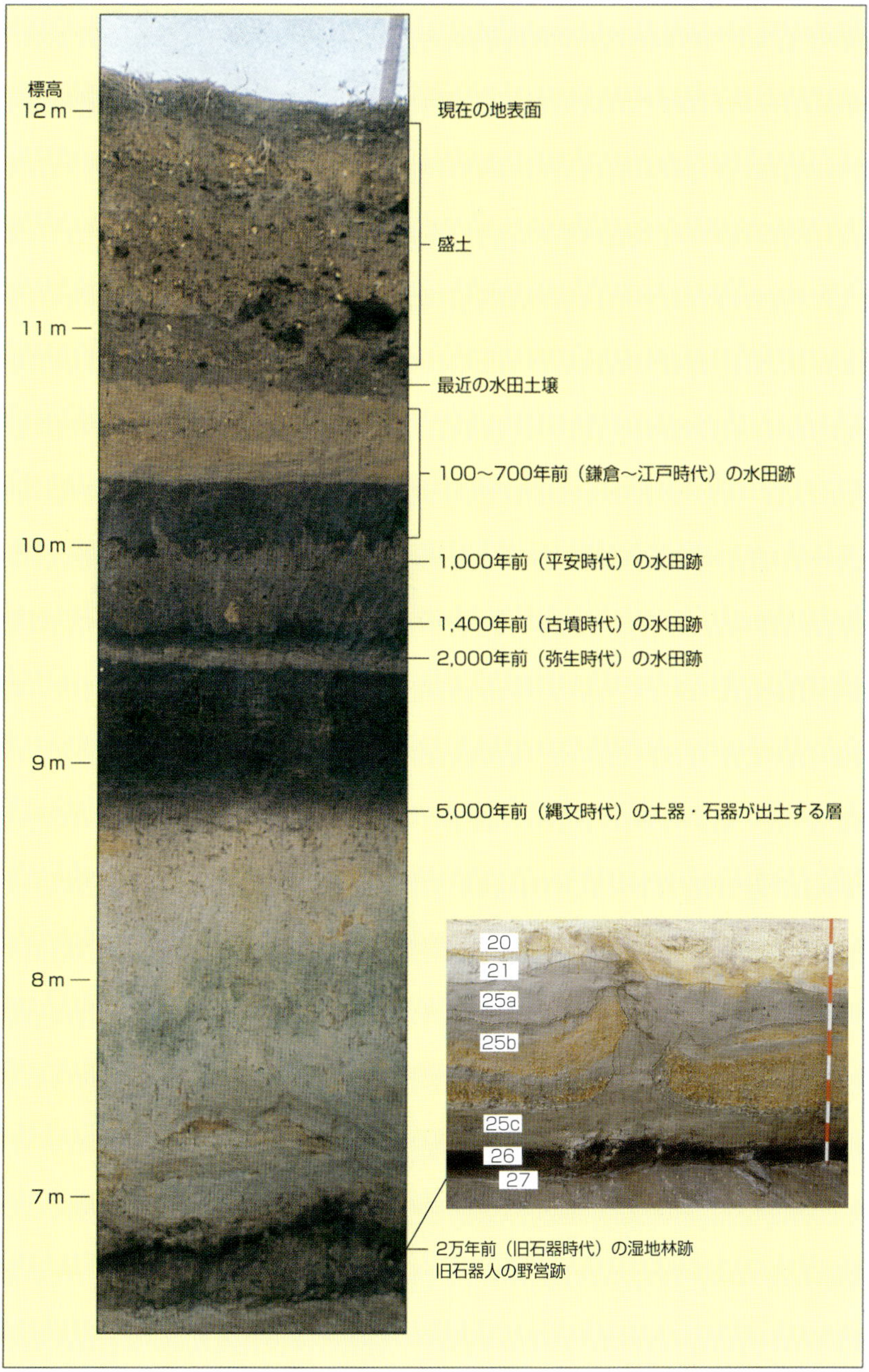

図版1　富沢遺跡第30次調査基本層序

図版 2　復元画 A　野営の様子（絵：細野修一）

図版 3　復元画 B　湿地林の様子（絵：細野修一）

図版 4　湿地林跡と野営跡が発見された第30次調査区全景（西から）

図版 5　第30次調査における野営跡の石器出土状況

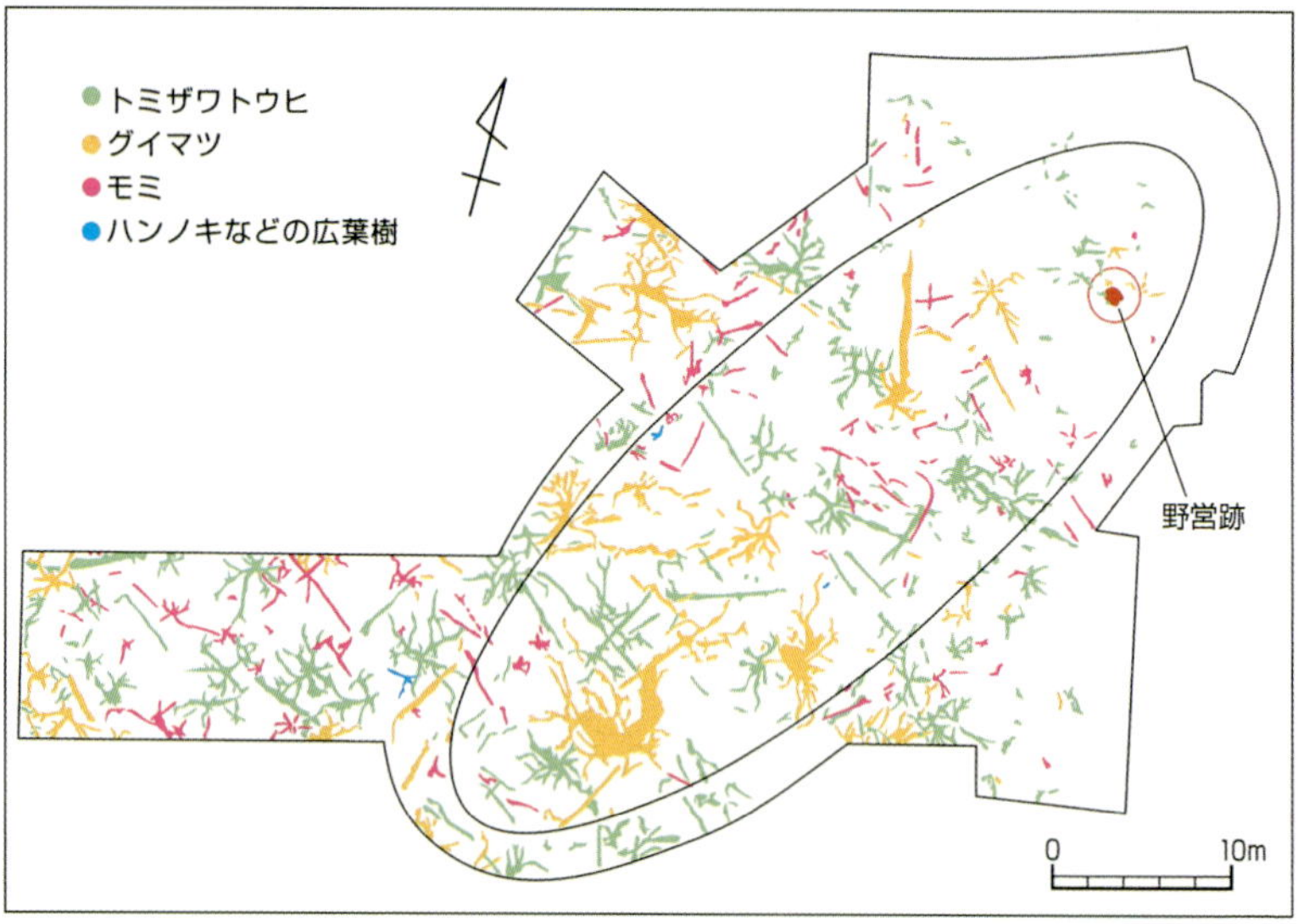

図版 6　第30・90次調査で判明した樹木分布図

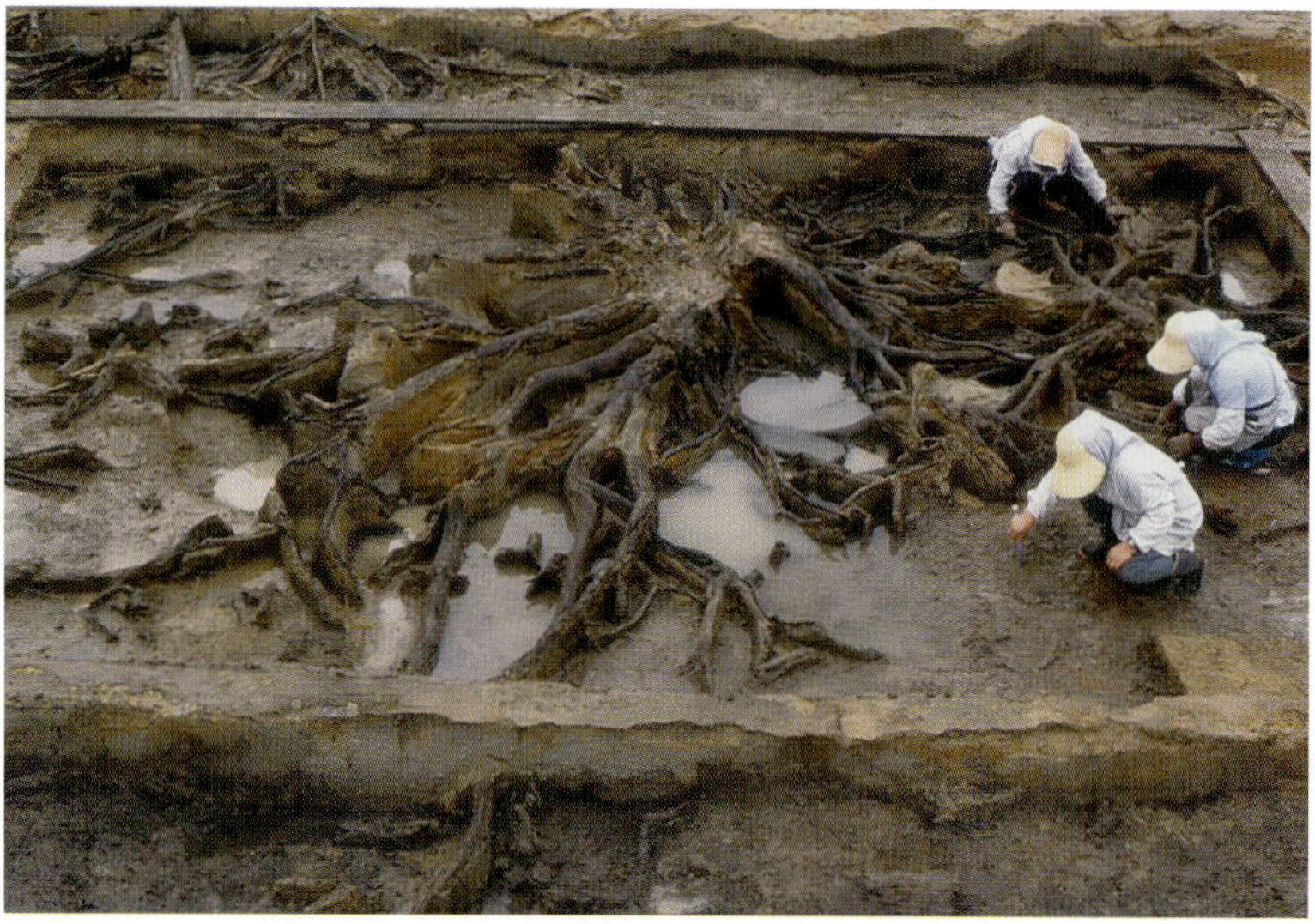

図版 7　第30次調査の樹木検出状況（カラマツ属）

目次

カバー写真 発掘調査時の野営跡
装丁 吉永聖児

富沢遺跡

Ⅰ　野営跡から旧石器人の行動を考える

1　富沢遺跡をどう読むか

本書は、富沢遺跡で氷河期の自然環境とともに発見された二万年前の野営跡（表紙写真）の発掘調査成果をもとに、当時の旧石器人の行動を今日的に考えてみようとする試みである。この亜寒帯性の針葉樹を主とする湿地林のなかに残された野営跡は、第三〇次調査ⅣC区基本層27層上面で発見された一回性の行動痕跡であり、一九八八（昭和六十三）年の発掘調査のときも、現時点においても、「世界中でここだけ」にしかない貴重な事例である。

富沢遺跡は、東北地方南部の太平洋側、仙台平野にあり（図1）、宮城県仙台市太白区富沢、泉崎、長町南他に所在する（宮城県遺跡登録番号：〇一三六九）。現地形では沖積平野の後背湿地に立地し、標高は九～一六メートルで、遺跡の面積は約九〇ヘクタールと、広大である。本書では、一九八二（昭和五十七）年から、三〇年以上、継続的に一五〇回ほど行われてきた発掘調査のなかで、一九八八（昭和六十三）年に旧石器時代の野営跡が見つ

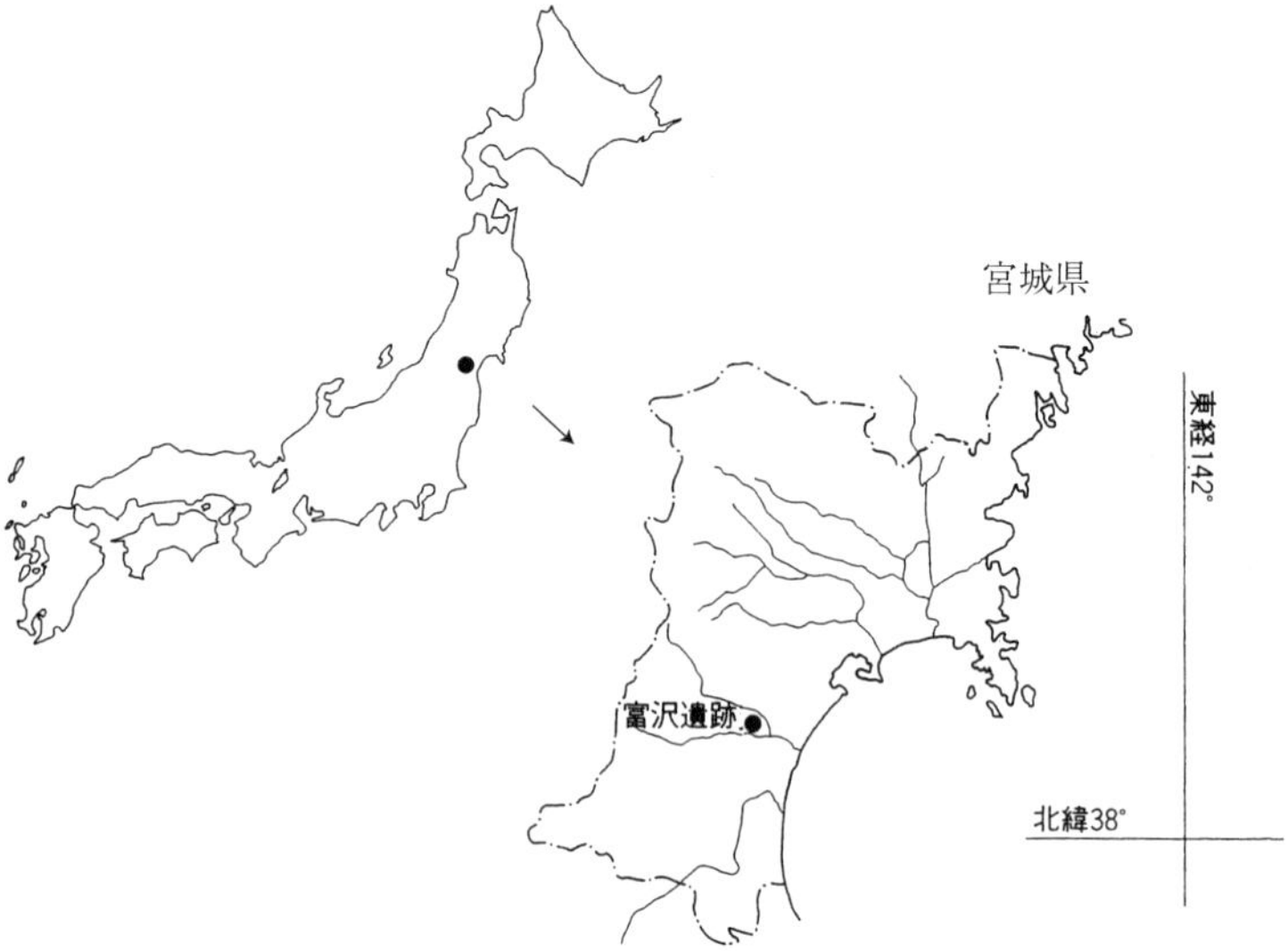

図1　富沢遺跡位置図

かった第三〇次調査や、その他の旧石器時代の調査成果を「復元画」によって共有し、そこから、二万年前の「富沢」を舞台とした旧石器人の活動の一端を復元的に考えていく。

その順序として、まず本章において、旧石器時代の研究に関するいくつかの留意点を示しておきたい。というのも、二万年前は、新人：ホモ・サピエンスが地球上に広く拡散しており、考古学の後期旧石器時代に相当するという理解だけでなく、地質学の更新世：氷河時代のなかで最終氷期（ウルム氷期）の最寒冷期ということもあり、植物学、動物学、気候学など、さまざまな分野の研究対象になっている。したがって、それぞれ独自の時期区分が使用されたり、あるいは「二万年前」という年代に関しても、放射性炭素14年代測定値を較正曲線によって補正することがあるので、富沢遺跡の成果とのかかわりにおいて、これらの整理を要するからである。

次章以降の視点も述べておくと、Ⅱ章において、富沢遺跡の遺跡登録、調査の進展、野営跡の発見、そして保存・公開まで、年代順に紹介。そのうえで、Ⅲ章で二万年前の日本列島の旧石器人に関する自然科学分野や考古学、人類学の研究の現状を確認する。Ⅳ章では『富沢遺跡第三〇次発掘調査報告書第Ⅱ分冊旧石器時代編』の内容を紹介し、それらにもとづいて描かれた「復元画A」と、その後進展した調査成果から描かれた「復元画B」を通して、富沢に野営跡を残した旧石器人の行動を考え、Ⅴ章で、当時の社会や狩猟に関する議論を行いたい。

そして、読者の方々が、富沢の旧石器人をもっと知りたいと思われることに期待して、Ⅵ章では、発掘調査された湿地林跡と野営跡が、そのまま現地表下五メートルで保存公開されている地底の森ミュージアム（正式名称：仙台市富沢遺跡保存館）の紹介と案内をする。最後のⅦ章は、地底の森ミュージアムを通して、視覚化のたいせつさと富沢遺跡からのメッセージを私なりに伝えることで本書を締めくくりたい。

このような針路で、二万年前の富沢へ向かうことにしよう。

2　いくつかの留意点

（一）放射性炭素14年代測定値

放射性炭素14（^{14}C）年代測定法は、およそ四〜五万年前まで測定可能であり、多くの遺跡の年代を推定するのに有効であることから、一九四〇年代にウィラード・リビーが開発して以降、考古学では一般的に用いられてきた。

この方法の原理を述べておく。地球上のあらゆる生物、植物に取り込まれている自然界の炭素には三つの同位体（同じ元素で質量数が異なる）があり、そのおよその存在比は、炭素12が〇・九八九、炭素13が〇・〇一一、炭素14が一・二×10^{-12}で、そのうち、炭素12と炭素13は安定同位体である。宇宙線によって生じる放射性同位体の炭素14だけが、生命活動が停止すると、その濃度が五七三〇年で半減し、その二倍の一一四六〇年で四分の一、三倍の一七一九〇年で八分の一と、ベータ線などを放出しながら減少していく。その性質を利用し、動植物の化石――具体的には、骨や歯、角、木材、植物、炭化物、あるいは動植物由来の物質に残された炭素14濃度を計測し、減少が始まってから（厳密には樹木年輪の年代差を考慮すべき）西暦一九五〇年までの年数を算出するものである。単位には「yrBP」を用い、例として西暦二〇〇〇年に測定された「一九五〇±五〇yrBP」は、試料の年代が紀元〇年、つまり二〇〇〇年前で、誤差は前後五〇年を示す。測定は、炭素一㌘を必要とするベータ線計測法と、加速器を用いて微量の試料、たとえば〇・二～一・〇ミリグラムでも直接測定が可能なＡＭＳ法（加速器質量分析法：Accelerator Mass Spectrometry）があり、後者が主流となっている。

　この放射性炭素14年代測定には留意すべきことがある。開発当初は、大気中の炭素14濃度がどの年代でも「時間的」に一定であると仮定して算出されていたのであるが、大気中の炭素14濃度は変動しており、それを反映して、国際標準の較正曲線（Calibration Curve）にもとづく較正年代で遺構・遺物を考えようと、一九八〇年代から進められた研究動向のことである。これは、より正確な年代測定を目指す研究として評価され、単位には、通常、「cal BP」を用いるが、じつはいくつか課題がある。

一つには、大気中の炭素14濃度が「空間的」にも一定でなかったことが知られ、北半球や南半球、海洋に近いあるいは遠いなど、いくつかの較正曲線が作成されるようになり、それらは研究の進展によって個々に更新されて年代の修正を要することである。そして、精度を高めるために、日本列島など、地域的な較正曲線を求めて細分化が進む方向にあることで、更新ごとに異なるいくつもの較正曲線による較正年代が、文献や記録に残されていく状態に対して、なんらかの手立てが必要とされる。

二つには、較正曲線は、年輪年代法によって生育年代を決定した年輪の放射性炭素14年代にもとづいて作成される点であり、ある程度信頼性を保っている。しかし、北半球で広く使われている較正曲線「IntCal09」あるいは最新の「IntCal13」では、年輪試料は欧米の高緯度地域に生育していた複数の樹木で繋いでおり、上限は約一二六〇〇年前までである。日本列島の樹木を用いた較正曲線は三〇〇〇年前まで作成されているが、「IntCal09」で較正すると、二〇〜三〇年古くなること、一部の範囲（紀元前一世紀〜紀元後三世紀の間など）では年代を正しく推定できないことなど、研究はこれからという状況にある。

三つには、旧石器時代を含む約一二六〇〇年前以前の較正年代は、大西洋の海底堆積物やサンゴの年代測定値などにもとづいており、「IntCal13」では福井県水月湖の年縞堆積物を用いて精度を高めているが、それとセットになる大気中の炭素14濃度変動は、古くなるほど濃度の振れ幅が広がり安定性がなくなる傾向がある点である。本書で対象とする最終氷期最寒冷期（非較正年代で一・八〜二・〇万年前、較正年代で二・二〜二・四万年

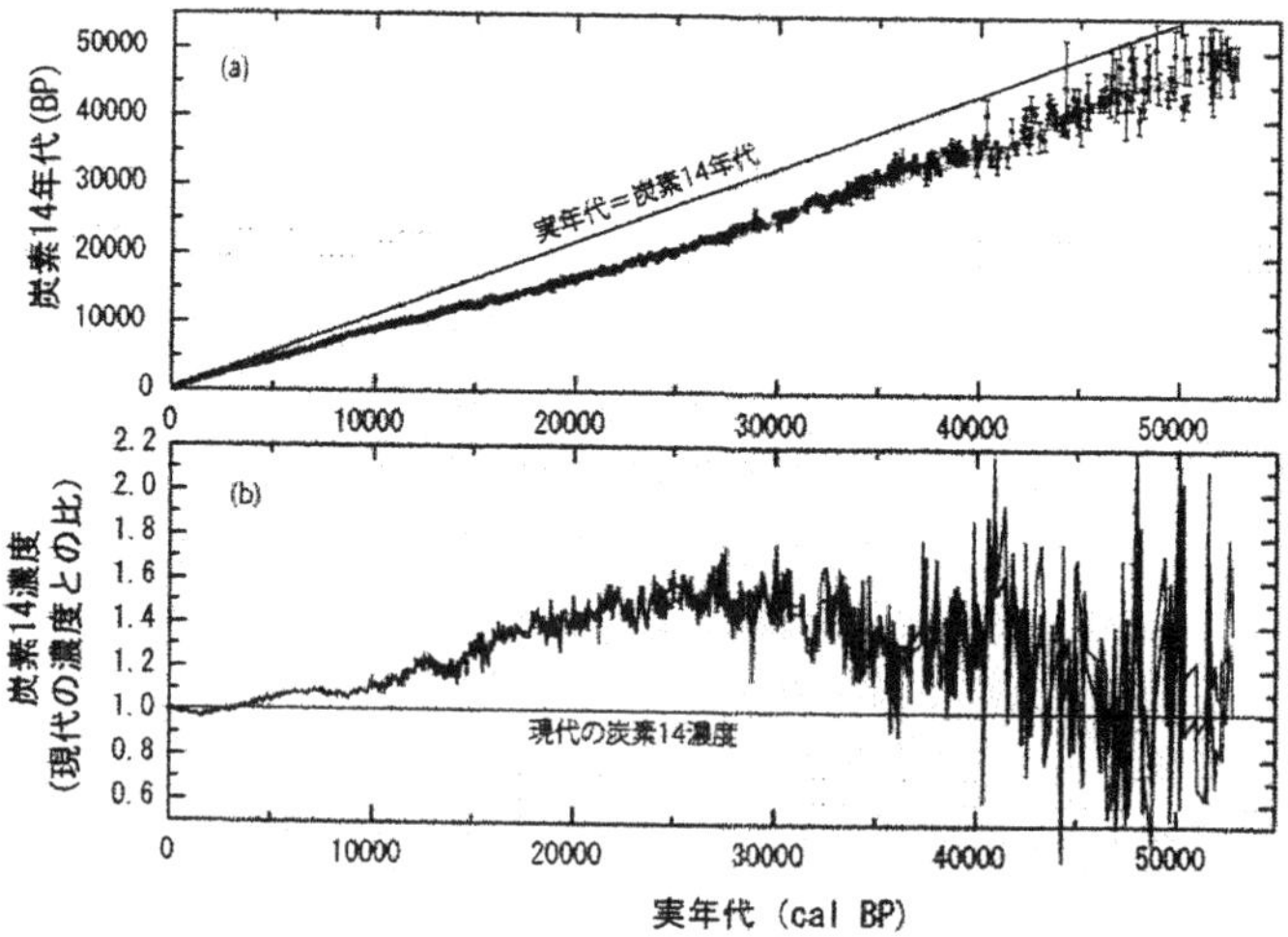

図２　過去５万年間の（a）炭素14年代キャリブレーションデータと（b）大気中の14C濃度変化（北川浩之 2013論文より転載）

前）に推定される高い濃度のピークは数千年～五千年ほど古いこと（図２：較正年代で二・五～三・〇万年前）など、宇宙線や地磁気の強度変化だけではなく、さまざまな角度からその要因を解明し、より正確な年代測定を行うことが求められる。

このように、較正曲線を用いた年代の推定には課題も多く、とくに、日本列島の旧石器時代に関しては「実用化」の時期を慎重に見定める必要がある。そのため、本書では基本的に、非較正の年代、年代観で記述する。なお、本書のおもな舞台となる「二万年前」は、「IntCal13」で較正すると四千年ほど古く、およそ二・四万年前となる。両者の測定年代値の表記は、非較正年代は従来通り「yrBP」とし、較正年代を示す場合は、後の年代修正のために、用いた較正曲線名とともに較正年代も併記すべきであろう。上述の場合は、誤差を±五〇年として「二〇〇〇〇±五〇 yrBP（二四〇〇〇±五〇 IntCal13BP）」と表記する案を提示しておきたい。

（二）海洋酸素同位体ステージ：MIS

地質学などで、更新世・完新世における汎地球的な時期区分の基準とされているのが、海底ボーリングコアに含まれる有孔虫の酸素同位体比を測定して得られた変化曲線を相対的な温暖期（奇数番号）、寒冷期（偶数番号）に分けた海洋酸素同位体ステージ（Marine Oxygen Isotope Stage）：MISである。本書のなかでも、環境や動植物相の変化を示すときに、年代や考古学的な時期区分とともに用いる。

この方法の原理は、自然界の酸素には三つ安定同位体があり、そのおよその存在比は、酸素16：〇・九九七五七、酸素17：〇・〇〇〇三八、酸素18：〇・〇〇二〇五で、海洋の^{18}O／^{16}Oの同位体比によって水温の推定ができるのである。具体的には、海水が暖められて先に蒸発した軽い^{16}Oは、地球上に氷床が発達していると、そこに固定されて海水に重い^{18}Oが多くなり、同位体比が大きくなる。つまり、^{18}O／^{16}Oが小さくなれば温暖化、大きくなれば寒冷化を示すことから、それを記録している有孔虫の殻の同位体比を分析することで、長期に及ぶ気候変動がわかるのである。

有孔虫は、一ミリにも満たない炭酸カルシウム（$CaCO_2$）の殻からなる原生動物で、大きく分けて海洋表層に生息している浮遊性種と海底に生息している底生種がある。そのうち、浮遊性有孔虫を対象とすると、熱帯・亜熱帯・温帯・亜寒帯・寒帯の海域に棲み分かれている性質から、種類の識別によって過去の寒暖の変化を知ることもできるのである。

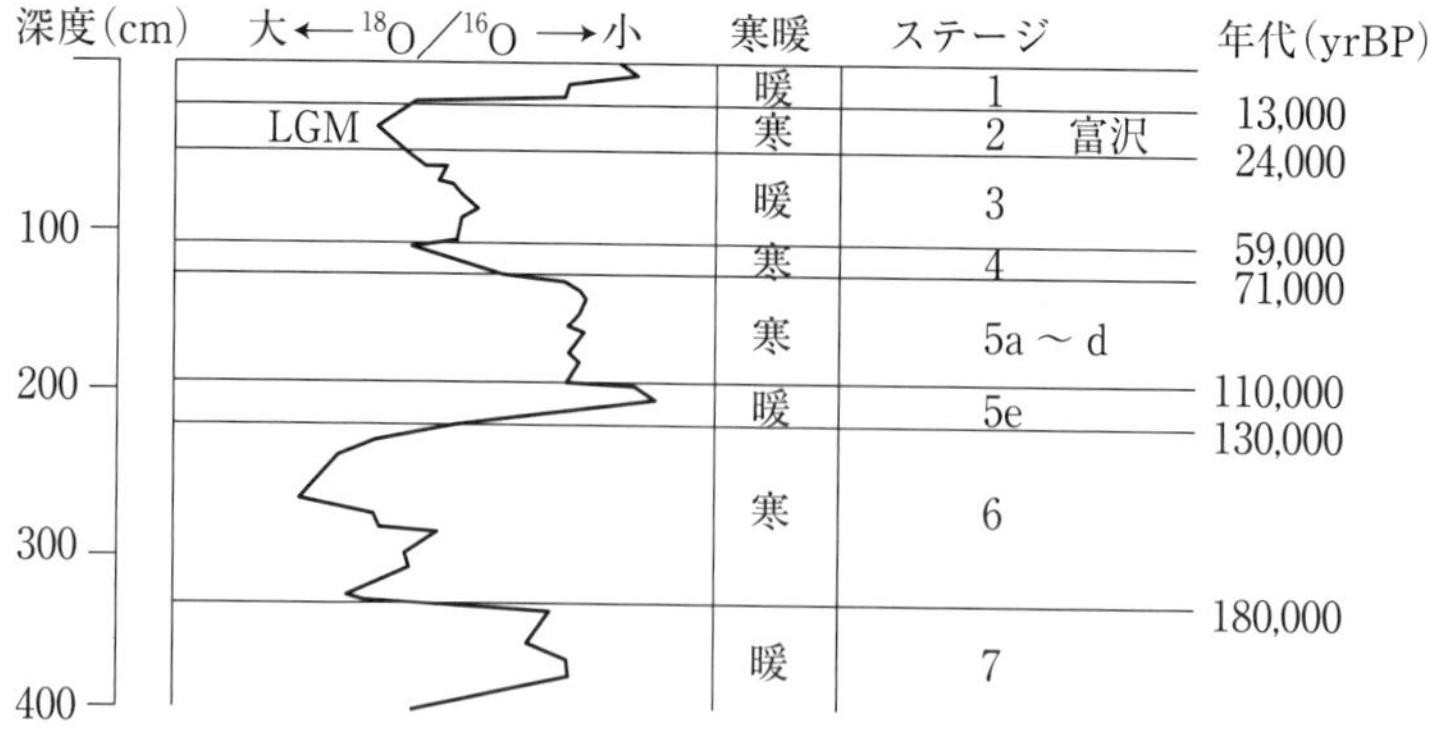

図３　海洋酸素同位体ステージ：ＭＩＳ
（太平洋深海底コア V28-238を参考に作成）

こうして時期区分された海洋酸素同位体ステージは、新しい方から順に、ＭＩＳ１、２、３、……と番号がふられた（さらに小さな頂点にはステージ番号の後ろに小数点以下の数またはアルファベットの小文字をつける）。ＭＩＳ１は、現代を含む温暖期（後氷期：一・三万年前以降）、ＭＩＳ２からＭＩＳ5d（一・三〜一一万年前）は最終氷期（ウルム氷期）に相当し、そのなかでＭＩＳ２は寒冷期（一・三〜二・四万年前）、ＭＩＳ３は温暖期（二・四〜五・九万年前）、ＭＩＳ４は寒冷期（五・九〜七・一万年前）で、ＭＩＳ5a〜5d（〜一一万年前）までつづき、ＭＩＳ5eは温暖期（一一〜一三万年前）、そしてＭＩＳ６はひとつ前の氷期（リス氷期：一三〜一八万年前）である。本書で対象とするのは、ＭＩＳ２（二・四〜一・三万年前）の二万年前頃で、最終氷期（ウルム氷期）の最寒冷期（ＬＧＭ：Last Glacial

Maximum）に相当する。

ここでは、図3に、簡単な海洋酸素同位体のステージと曲線に、放射性炭素14年代、二万年前の富沢の位置を示しておこう。

（三）人類と旧石器時代

人類学・考古学の長年の研究によって、現状では、人類は、およそ五〇〇～七〇〇万年前にアフリカで誕生し、その後、分岐をともなった進化と地球的規模の拡散を遂げていることが明らかにされている（図4・図5）。そこに登場する人類は、エチオピアのハダールやタンザニアのラエトリなどに残されていた化石人骨や足跡から、直立二足歩行に特徴づけられる猿人に始まり、その長い進化を経るなかで二五〇～二六〇万年前に最古の石器の製作が確認され、旧石器時代が幕を開ける。

そして、二〇〇～二四〇万年前には、ケニアのコービ・フォラで見つかった原人：ホモ・ハビリスに代表される初期のホモ属が出現する。ホモ属は、通常、歩行や走行に適した長い脚、石器などの道具をつくる器用な手、猿人よりも大きな脳とその発達を特徴としており、一八〇万年前にはホモ・エレクトゥスがアフリカから他の地域へ拡散していき、ヨーロッパでは、この時期にグルジアのドマニシで化石人骨が出土している。六〇万年前になるとヨーロッパやアフリカにホモ・ハイデルベルゲンシスが現れ、その後、一〇～数十万年前に、アジア・ヨーロッパからアフリカの各地域で、ネアンデルタール人あるいはデニソワ人といった旧人（古代型新人）へと進化する。

そして、新人：ホモ・サピエンス（現代型新人）への進化は、各地域の旧人から起こったとする説（多地域進化説）もあるが、およそ二〇万年

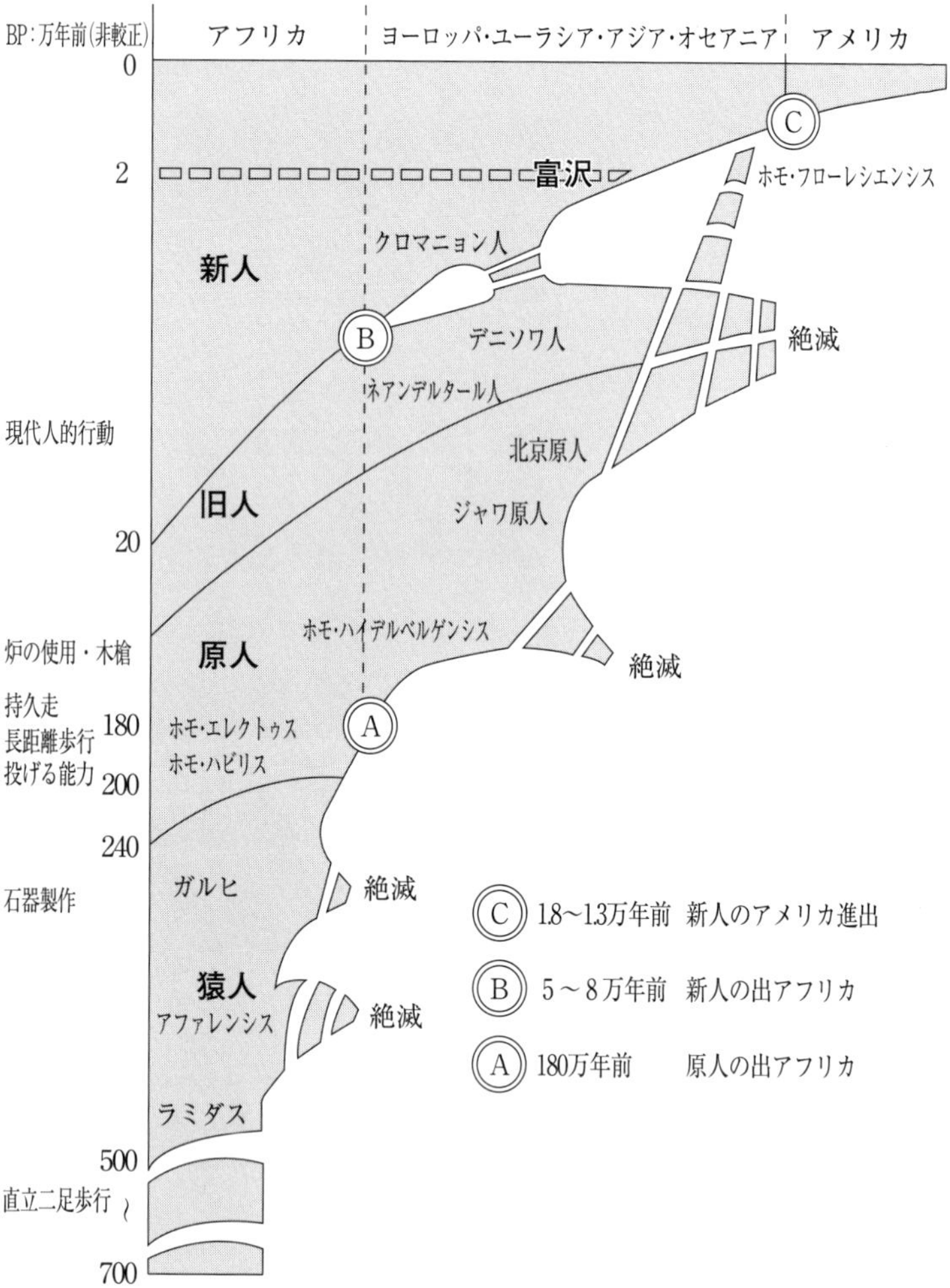

図4　人類の進化と拡散模式図

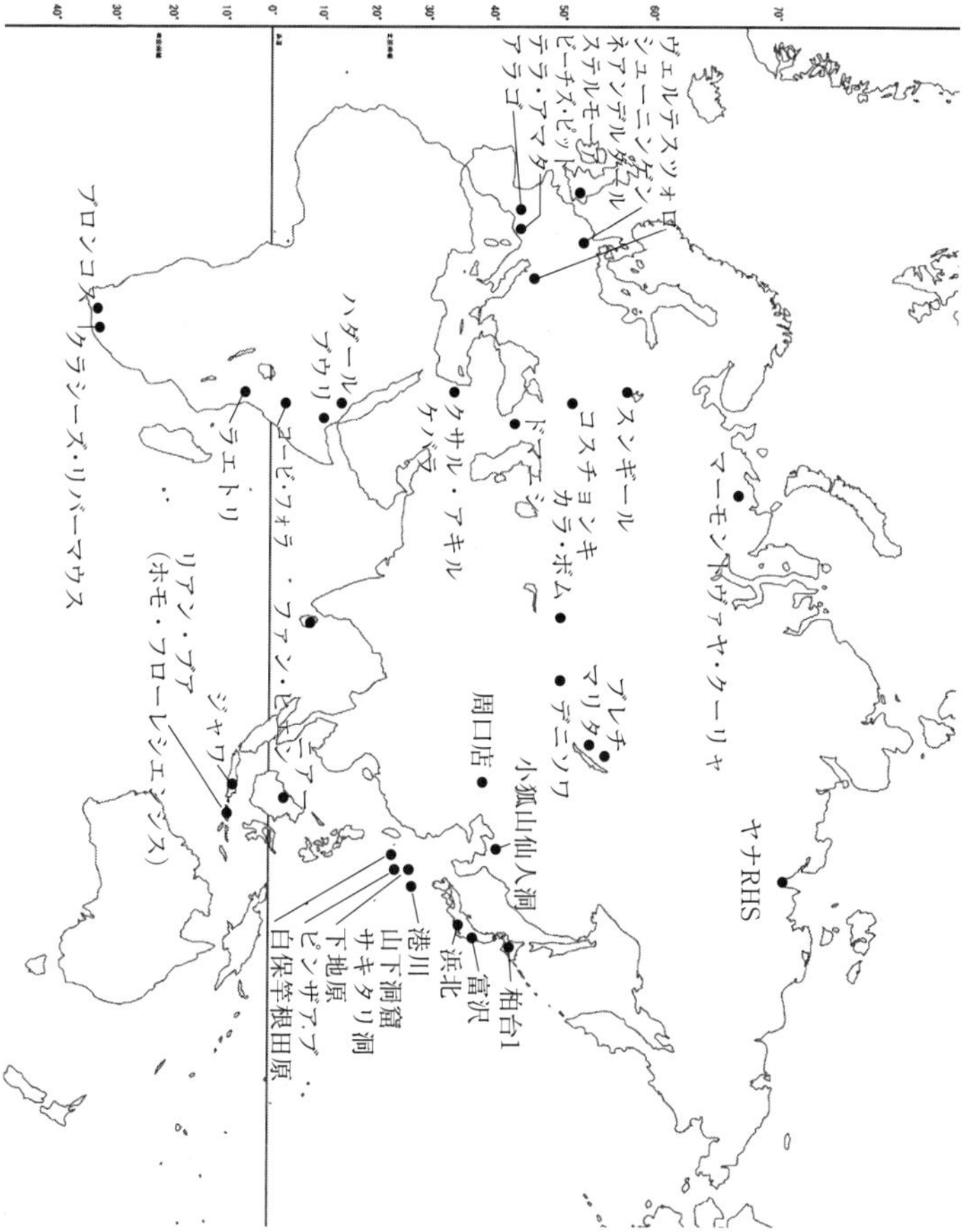

図5　本書に関わる遺跡分布図

前（より正確には一四～二八万年前）にアフリカの旧人から起こり、そこからふたたび世界へ拡散し、他の地域の旧人は絶滅したとする説（アフリカ単一起源説）が主流となっている。後者の説を支えているのは、DNA分析にもとづく遺伝人類学の成果であるが、いずれにせよ、二万年前の地球上には、アフリカ大陸、ユーラシア大陸、オーストラリア大陸の周辺など、南北アメリカ大陸と南極大陸を除いて、新人が広く地球上に拡散していたのであり、一万三〇〇〇年前までつづく長い旧石器時代において、原人・旧人の数多くの種が絶滅するなかで、現代まで、唯一、生き延びてきたのがわれわれ新人なのである。

旧石器時代の時期区分は、上述したような人類の進化を反映して、前期：原人、中期：旧人（古代型新人）、後期：新人（現代型新人）とおよそ対応させることが多く、東アジアでは、中国大陸において前期には周口店で見つかった北京原人（ホモ・エレクトゥス）がおり、旧人や新人の化石も出土しているが、実際に遺跡の調査で化石人骨が遺構や遺物にともなうことは少ない。そのため、遺跡の時期区分は、基本層における年代のわかっている火山灰層などの鍵層との層序関係、層中に含まれる炭化物の年代測定値をふまえて、石器の形態や組成によって推定しており、一〇万年前以前を前期、四万年前までを中期、それ以降を後期とする見方が加藤真二によってなされている。なお、後期は石刃石器群の出現に始まり、細石刃石器群へ移行していく変化がある。

こうした中国大陸の旧石器文化の始まりは、八〇～九〇万年前、あるいはそれ以前にさかのぼる可能性があるのに対して、対馬海峡、東シナ海を挟んで、アジア北東端に位置する日本列島では、現在のところ、岩手県金取《かねどり》遺跡、長野県竹佐中原遺跡、宮崎県後牟田遺跡などで出土した四万年前～七万年前と推定される「石器」が最古である。そこには、石刃や、定形化した剝片石器が認められず、化石人骨は出土していない。これらの遺跡の評価には、慎重な意見もあり、検討がつづけられている。そして、年代的にはそれに後続し、三万年前以降に列島的な広がりをもって展開するナイフ形石器に特徴づけられる石刃石器群をともなう多くの遺跡は、後期旧石器時代に位置づけられている。

しかし、列島での化石人骨の出土は少なく、南西諸島では、沖縄本島の港川人（新人：一・七～一・八万年前）と山下洞穴人（新人：三・二万年前）、サキタリ洞遺跡の化石人骨の指（一・三～二・三万年前）、久米島の下地原人（新人：一・五万年前）、宮古島のピンザアブ洞穴人（新人：二・六万年前）、石垣島の白保竿根田原洞穴遺跡の化石人骨（新人：一・六～一・八万年前、二・〇～二・四万年前）が知られ、古本州島では静岡県の浜北人（新人：一・四万年前）が確認されているだけである。

このうち、近年、調査報告が刊行された白保竿根田原洞穴遺跡では、化石人骨からのｍｔＤＮＡの抽出に国内で初めて成功し、分析を行ったところ、三体に「Ｍ7a」といわれるハプログループ（よく似た片親由来の遺伝子配列をもつ集団）が発見された。「Ｍ7a」は大陸の南部で誕生したと推定されており、現代人における分布は、ほぼ日本列島内部にかぎられることから、その基層集団：ホモ・サピエンスが保持していたハプログループと考えられており、とくに琉球列島集団に多く、旧石器時代に南から北上して列島に広く分布していたとする見方がなされている。

東北には化石人骨の出土例はないが、富沢に野営跡を残した旧石器人は、これまで見つかった列島の化石人骨が新人であること、それらの年代が一・四～三・二万年前であること、ハプログループM7aの分布、石刃石器群の存在から、後期旧石器時代の新人と考えていいだろう。しかし、この後期旧石器時代に先行する可能性がある竹佐中原遺跡などの担い手は解明されておらず、研究の現状は、日本列島の「旧石器時代」を対象とする場合、両者を含むことになる。

（四）富沢遺跡と旧石器発掘捏造事件

その旧石器時代の始まりと時期区分について、ここでは、富沢遺跡と「旧石器発掘捏造事件」とのかかわりを含めて確認しておきたい。

二〇〇〇年十一月五日に発覚した「旧石器発掘捏造事件」は、未だ記憶に新しく、旧石器時代にかぎらず、あらためて遺跡の遺構・遺物の取り扱いを慎重に行うことのたいせつさを教えてくれている。この事件は、周知のように、一九七〇年代半ばから四半世紀にわたって、東日本、とくに宮城県域北部を中心として約二〇〇カ所で発見された旧石器時代の石器のほとんどが捏造だったと判明したものである。その手法は、目的的な発掘調査や遺跡踏査において、あらかじめ他の遺跡で採集した石器を地中に埋め込んでおく偽装にあるが、それを自ら「発見」、あるいは他者が「発見」し、期待された「成果」となることが目論まれていたのである。

石器の埋め込みは、NPO・東北旧石器文化研究所副理事長（発覚当時：以下「元副理事長」）による行為であったが、「成果」の多くは、当時学会を二分していた日本列島の前・中期旧石器存否論争（あるいは「前期旧石器存否論争」）にかかわることで注目を集め、その存在を証拠づける「成果」が一方の学説と結びついて権威づけられ、国内外の研究者を含めて世界的な議論となり、それを新聞・テレビなどが取り上げることで事件性が増幅されていった。そして、結末は、前・中期とされた国指定史跡の取消しや、教科書からの前・中期の記述の削除など、考古学の信頼を大きく失墜させたばかりでなく、日本列島には前・中期旧石器時代の明確な遺跡は存在しないと考えられるようになった。そのため、後期旧石器時代に先行する可能性があり、元副理事長の関与のない遺跡の位置づけが課題とされているのである。

さて、この事件と富沢遺跡とのかかわりは、本書で紹介する第三〇次調査において、I区とⅢ区の発掘調査に数日間、元副理事長が参加して石器が出土していたことにある。それによって、富沢遺跡は、二〇〇一年五月に日本考古学協会に設置された前・中期旧石器問題調査研究特別委員会の検証作業の対象となった遺跡約二〇〇カ所に含まれることとなったのである。

この第三〇次調査では、I区基本層25層から一〇点の石器、Ⅲ区基本層26層から二点の石器、Ⅳ区基本層27層から一一一点の石器（＋一三一点のチップ）が、調査区と層位を違えて出土しており、『富沢遺跡第三〇次発掘調査報告書第Ⅱ分冊旧石器時代編』（仙台市教育委員会、一九九二年）で報告されていた。特別委員会が二〇〇三年五月に刊行した『前・中期旧石器問題の検証』には、その検証結果として、

I区25層（10点）とⅢ区26層（2点）の12点をまず検討した。先端に折れ面をもつ石器が12点中6点と多い。12点の資料に黒色土の付着と加熱処理こそ無いが、ガジリ、褐鉄鉱の線状痕跡が多く認められ、本来の地層に包含

されていた資料とすることはできない。意識的に埋め込む行為があったことが濃厚に疑われる。なお、別途観察・検討した、富沢遺跡の本体である第27層の石器群には、疑わしい
資料は全くないことを明記する
と報告されている。

また、この委員会とは別に、独自に検証を進めていた宮城県教育委員会は、すでに二〇〇三年四月に、県内対象遺跡の報告のなかで、富沢遺跡のⅠ区基本層25層とⅢ区基本層26層出土石器を旧石器の取扱いから除外しており、発掘調査報告書および関連図書への注意を促している。これらの事実関係は、発掘調査の経緯からみても、Ⅰ区とⅢ区で石器が「発見」されたのは、Ⅳ区の調査がいったん終了した五月二日以降であり、元副理事長が発掘に参加した時期と調査区とも一致しているのである。

本書で扱う第三〇次調査成果は、疑いのない旧石器時代の石器であるⅣ区基本層27層上面および27層中出土石器と、それにともなう遺構、そして調査区全域で見つかった基本層25層から27層にかけてのさまざまな氷河期の自然遺物である。Ⅰ区基本層25層とⅢ区基本層26層の出土石器およびそれに関する発掘調査報告書の記述は扱わない。これは、仙台市が一九九九年に刊行した『仙台市史通史編1原始』の富沢遺跡第三〇次調査にかかわる記述においても同様で、二〇〇五年に『仙台市史通史編1原始旧石器時代［改訂版］』が刊行されている。

この事件は、発覚してから一四年経つが、捏造はそれより長い期間行われ、四半世紀の間、市民を欺くことになっていたのであり、その不信感は容易に消えるものではない。家庭や学校、職場など、社会のなかで語り継がれてきているという感

が強く、私を含め、考古学に携わる者は、反省の念を忘れず、事件とのかかわり合いの有無多少にかかわらず、現在も信頼回復の過程にあるという姿勢を共有していきたいと思う。そして、自由な議論のもとで、批判や反論も尊重しながら、異なる見解に対しても無視をせず、成熟した学問への成長を目指すべきであろう。

（五）石器の製作とその種類

人類が石器の製作を始めたのは、アフリカの二五〇〜二六〇万年前、最も新しい猿人：エチオピアのブウリで見つかったガルヒ猿人の時期といわれる。その最初の石器は、石を打ち割って、剝がした石片と、残った石の塊をそのまま道具とする単純な技術と方法にもとづいていた。

しかし石器製作の基本的な技術が獲得された意義は大きく、それが原人に受け継がれ、その後、大きな石片や石の塊を両面加工したハンドアックス（握斧）がつくられるようになり、旧人の時代には、石の塊を調整加工した石核から目的とする形の石片：剝片を剝離し、それを加工して製品をつくり出す技術が生まれる。そして、新人の時代には、規格的な縦長剝片：石刃を、剝離しやすいように形を整えた石核から量産する技術（石刃技法）が一般化し、剝片を加工してさまざまな道具がつくられ、さらに、石刃の幅が狭い細石刃を道具の一部に刃として用いる技術（細石刃技法）が生まれる。日本列島では、後期旧石器時代は、三万年前の石刃技法の出現と広範な広がりによって認められ、その後、最終氷期最寒冷期の二万年前に、最初の細石刃技術が北海道に出現する。

この頃の石器に関して、以下に、富沢遺跡を理解するうえで必要な事項を九点、示しておこう。

①剝片剝離作業：石核から剝片を剝離すること

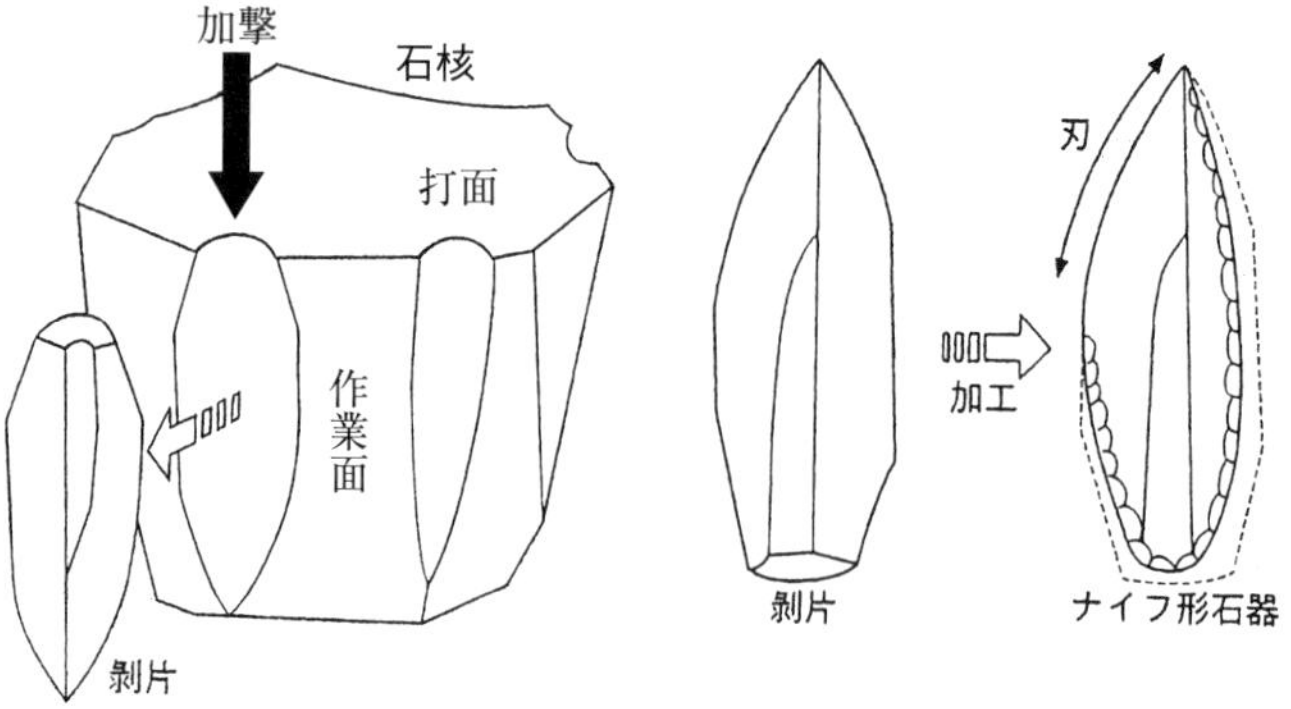

図6　剥片とナイフ形石器

（図6）。剥片は、剥離前に石核の表面となっていた面を「背面」、その反対側の剥がされた裏面を「腹面」という。剥片の形は、横長、縦長などさまざまであるが、そのなかで、規格的な縦長剥片を石刃（幅一㌢以上）、細石刃（幅一㌢未満）、それぞれに特徴づけられる石器のまとまりを石刃石器群、細石刃石器群という。また、剥離のときに飛び散る最大長一㌢未満の石の砕片を「チップ」という。なお、石核には、礫あるいは剥片が素材として用いられる。

②接合資料：出土した石器が面と面で接合する資料。接合する面には、剥片剥離の剥離面と、石器の折れ面がある。

③個体別資料：一連の剥片剥離作業に帰属する石核・剥片などからなる資料体。富沢には、石核一点の資料や、数多くの剥片や石核による接合資料によって剥離工程が復元された資料がある。

④母岩別資料：同一原石に帰属する石核・剥片などからなる資料体。富沢には、二つの個体別資料が接合する黒色頁岩の資料が含まれる。

⑤ハンマーストーン：剥片を剥離するために石核に加撃する石の道具。敲石ともいう。富沢には、折れ面で接合するハンマーストーンが一点残されていた。

⑥ナイフ形石器：剥片の鋭い部分をそのまま刃とし、他の部分の形を整えた定形石器であり（図6）、日本列島の後期旧石器時代を特徴づける。その用途としては、槍の先端に装着されたり、切断に使用されたと推定されている。富沢には、半分ほどが折れてなくなったナイフ形石器と、折れ面で接合したナイフ形石器が残されていた。

⑦二次加工のある剥片：剥片の一部に加工を施した石器。

⑧微細剥離痕のある剥片：剥片の一部に刃こぼれ状の微細な剥離痕のある石器。剥離痕は使用によって生じた可能性がある。

⑨実験使用痕分析：石器表面に残された微小な痕跡を顕微鏡による観察から、実験を通して機能を推定する方法。富沢遺跡の第三〇次調査では、梶原洋によって高倍率（一〇〇倍〜四〇〇倍）で使用によって生じた特徴的な光沢面の観察が行われ、いくつかの石器が、皮あるいは肉のカッティング（切断）に機能したと推定されている。

(六)　地層の区分と名称

発掘調査では、調査区の地層は、さまざまな種類の土層の重なりから成り立っており、個々の層を基本層、それらの重なりを基本層序という。基本層の区分は、通常、土質、土色、含有物の違いによる。

なかでも、土質は、アメリカの地質学者ウェントウォースが一九二二年に提唱した構成粒子の粒度区分：二ミリ以上を「礫」、二〜一／一六ミリを「砂」、一／一六〜一／二五六ミリを「シルト」、一／二五六ミリ未満を「粘土」、にもとづいている。実際に基本層の観察をしてみると、土質は多様で、「砂」を主体として「シルト」が混入している場合は「シルト質砂」、「シルト」を主体として「粘土」混入している場合は「粘土質シルト」と区別している。また、富沢遺跡では、低湿地の環境において泥炭が形成されている時期には、植物化石と粘土によって構成される層が形成される。これを、「泥炭質粘土」としている。

　土色は、『新版標準土色帖』（農林水産省監修）に準拠して、最も近い色を記録している。富沢遺跡では、下層には還元作用で青灰色〜緑灰色を呈する基本層がみられ、時間の経過とともに酸化されて色調が変化していく。その本来の土色に近づく可能性はあるが、地下に埋もれていた状態の土色を記録している。

　なお、基本層の名称は、通常、ローマ数字を用いて上から順に、Ⅰ層、Ⅱ層、……とするが、富沢遺跡では、旧石器時代の層準までの調査を行うと、基本層が30層〜40層に及ぶこともあり、ローマ数字では煩雑になるため、1層、2層、……と、算用数字を用いている。その細分は小文字のアルファベットをつけて、基本層2層が三つの層に細分されるときは、上から下へ、順に、2a層、2b層、2c層としている。なお、層名は、個々に「基本層○層」と表記すべきであるが、煩雑になる場合、本書では、単に「○層」とすることもある。

Ⅱ　富沢遺跡の調査概要

1　遺跡の発見と調査の進展

(一)　遺跡の発見と登録

一九八二（昭和五十七）年当時、山口遺跡の北方には周知の遺跡は少なかったが、仙台市高速鉄道南北線（以下、「地下鉄南北線」）建設にともない総延長一キロ《キロ》にわたり、仙台市太白区の鳥居原、鍋田、中谷地、泉崎浦、泉崎、泉崎前の各地区において試掘調査が行われていた。

山口遺跡での水田跡調査の方法は、プラント・オパール分析をはじめとして花粉分析・火山灰の同定など関連科学との連携による調査であり、それは、この試掘調査においても行われており、調査の結果、泉崎浦遺跡の立地する微高地部分を除き、試掘対象区域のほぼ全域にわたり水田跡の存在が確認され、全域の本調査へ移行した。一九八三（昭和五十八）年六月三日の「富沢水田遺跡」の登録の際には、この地下鉄南北線建設にともなう試掘調査および一部行われた本調査の結果を基本とし、地形・標高を考慮して遺跡の線引きが行われた。遺跡の面積は八二ヘクタール《ヘクタール》である。その後、一

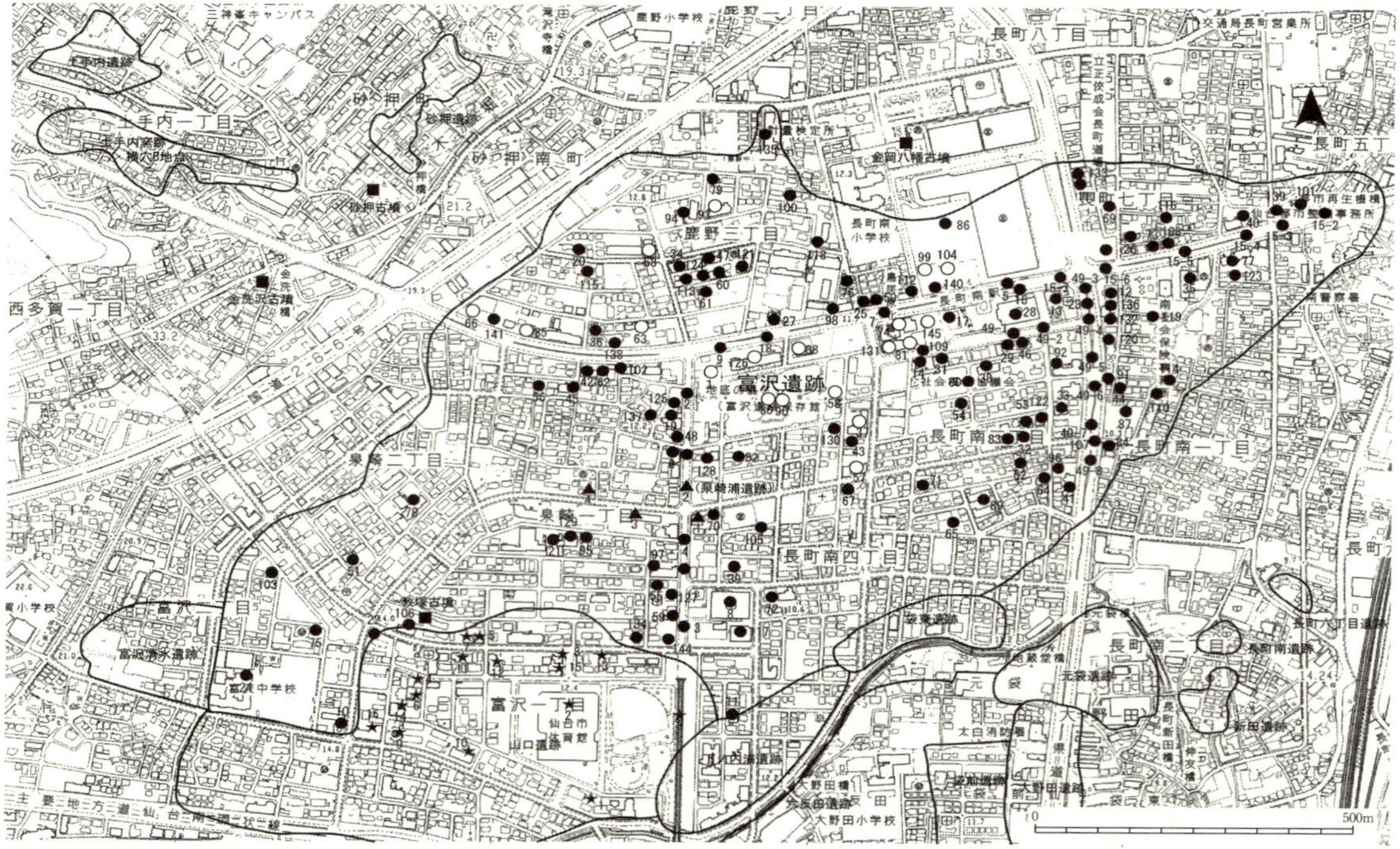

図7　富沢遺跡調査地点と周辺の遺跡分布図（●富沢遺跡、▲泉崎浦遺跡、★山口遺跡、○富沢旧石器時代の湿地林跡。数字は調査次数）

九八六（昭和六十一）年まで「富沢水田遺跡」としての調査が行われた結果、遺跡範囲内において旧水田下に弥生時代以降の水田跡が重層して存在していることが明らかにされた。

また、弥生時代の水田跡のより下層から縄文時代の遺物が出土することが数地点で確認されたことや、遺跡隣接地において中世の居住域と考えられる遺構群の存在が確認されたことから、一九八七（昭和六十二）年三月二十日付で「富沢水田遺跡」を改め「富沢遺跡」と遺跡名の改称がなされ、一九八七（昭和六十二）年三月二十一日に関係機関へ通知が行われた（図7）。その後、遺跡の面積も九〇ヘクタールに拡大されている。

（二）旧石器時代の層準の存在推定

試掘調査は、図8に示すように、山口遺跡の北方、地下鉄南北線の開削工法がとられる区間を対象とした。調査区は、工区名にもとづいて、泉崎東工区・中谷地工区では、IN試掘No.1〜21まで、長町南駅工区では、NA試掘No.1〜7まで、計二八カ所設けた。

この区域には、地形、地質の調査から、現地表下三〜一〇メートルに沖積層基底礫層があることが知られていた。試掘調査は、盛土と旧表土を重機で除去した後は、すべて人力で、可能な深さまで行われており、基底礫層に達する試掘区もあった。遺跡登録に繋がる水田跡が検出された層準は、現地表下一〜二メートルほどであったが、それより下層の調査で、旧石器時代の層準の存在が推定されるという重要な知見が得られていた。それは、IN試掘No.16区の花粉分析において、現地表下三メートルにある基本層17〜19層が最終氷期後半の植生を示すことが判明したのである。

それらの層は、図9の調査区最下層の黒色の層

図８　第１次（試掘）調査区と第30次調査地区

図9　第1次IN試掘№16区（矢印は旧石器時代の層）

で、分析を行った安田喜憲によると、木本はトウヒ属、モミ属、カラマツ属、ツガ属、五葉マツ亜属が高い出現率を示し、草本はオミナエシ属、タデ属（イブキトラノオ節）、キク科、カヤツリグサ科が特徴的なものとして出現し、胞子はミズゴケ属、ヒカゲノカズラ属が多産している。分析結果は、当時、試掘区周辺には、ミズゴケ湿原が存在し、それを取り囲んで亜高山帯針葉樹が密に生育していたとみられ、森林帯が、仙台平野の低地部まで、一〇〇〇メートル以上現在より降下していたことを示していたのである。この重要な知見により、富沢遺跡のより下層には、旧石器時代の生活面が存在する可能性が考えられるようになった。

（三）下層調査の進展

富沢遺跡では、前述の試掘区二八カ所の調査を第一次調査とし、その後は、調査順に次数をつけている。それらの調査では、弥生時代から近世にかけて水田稲作の継続的な営みが認められるとともに、第一次調査のIN試掘No.16区の成果もふまえ、より下層の調査が行われ、その過程で、縄文時代の遺構、遺物の検出事例も増えていった。おもな成果は、以下の通りである。

第八次調査（一九八三年・遺跡南部）：縄文時代後期中葉の土器、石器が出土。

第一五次調査（一九八五～八六年・遺跡北東部）：縄文時代早期末葉～前期初頭の土器、石器が出土。

第二四次調査（一九八六年・遺跡南西部）：縄文時代の遺構（落し穴二基、配石遺構二基）、縄文時代前期～後期の土器、石器が出土。

第二六次調査（一九八六年・遺跡北東部）：縄文時代早期末葉～前期初頭の石器が出土。

第二八次調査（一九八六～八七年・遺跡北部）：縄文時代早期後葉の土器、石器が出土。

2　第三〇次調査：野営跡の発見

（一）野営跡の発見と調査経過

こうした下層調査が継続されていたなか、一九八七（昭和六十二）年の第三〇次調査でようやく旧石器時代の可能性がある層準が見つかった。調査は、仮称長町南小学校建設にともなってこの年の四月から行われており、場所は、IN試掘No.16区の南東側で、校舎部分五〇〇〇平方メートルを対象として、調査区をI区からV区に分けていた。そのうち、先行するIA区の下層調査で、縄文時代の遺構面である基本層16層上面の調査後、十月になって、より下層の調査で、現地表下約五メートル、標高約七メートルにある基本層26層に、その可能性が認められた（図10）。26層は黒褐色の粘土層で、出土した

図10　第30次ⅠA区下層調査状況（矢印は基本層26層）

樹木片の樹種同定と、それを試料とした放射性炭素14年代測定を依頼した。

翌一九八八（昭和六十三）年三月初旬、樹木は、樹種がトウヒ属と同定され、年代は約二・三万年前であることが知らされ、旧石器時代の層準であると確認されたことから、基本層26層を中心に、当時の植生に関する情報を得るための調査が行われることとなった。基本層序と旧石器時代の層準は、第三〇次調査断面写真（巻頭図版1）で見ておこう。

第三〇次調査は富沢遺跡を語る上できわめて重要な調査であったので、以下、日付を追って詳細する。

三月八日、旧石器時代の調査を開始した。調査は、すでに縄文時代までの調査が終了していた調査区のなかで、ⅢF区、ⅣC区、Ⅳ区北側の三カ所を設定した。

三月十四日、ⅣC区（一〇メートル×一〇メートル）の調査では、基本層25層、26層から樹木や球果が検出されていたが、この日、基本層27層上面からナイフ形石器や石核・剥片などの石器が出土した（巻頭図版５）。このため、調査は、当時の自然環境の復元と、人類の活動を示す遺構、遺物の検出を目的として行われることとなった。

三月二十三日、ⅣC区27層上面の調査は、石器の出土が五〇点を越えており、その分布は、二メートル四方ほどの範囲に多い傾向が判明しつつあった。また、樹木の分布や、球果などの植物化石の分布が、ⅣC区の北方、西方へ広がることが知られたため、調査区を拡張（ⅣA区、ⅣB区、ⅣD区）することになった（巻頭図版４）。

三月二十四日、報道発表。

三月二十六日、現地説明会を開いて一般公開。

一三〇名が来跡した。

朝日新聞　1988年(昭和63年)4月13日　水曜日　36730号　(日刊)

旧石器人の生活跡発見

仙台・富沢遺跡

たき火や石器群

樹木も発掘　2万年前の野営地？

図11　野営跡・湿地林跡発見の新聞記事（朝日新聞1988年４月13日）

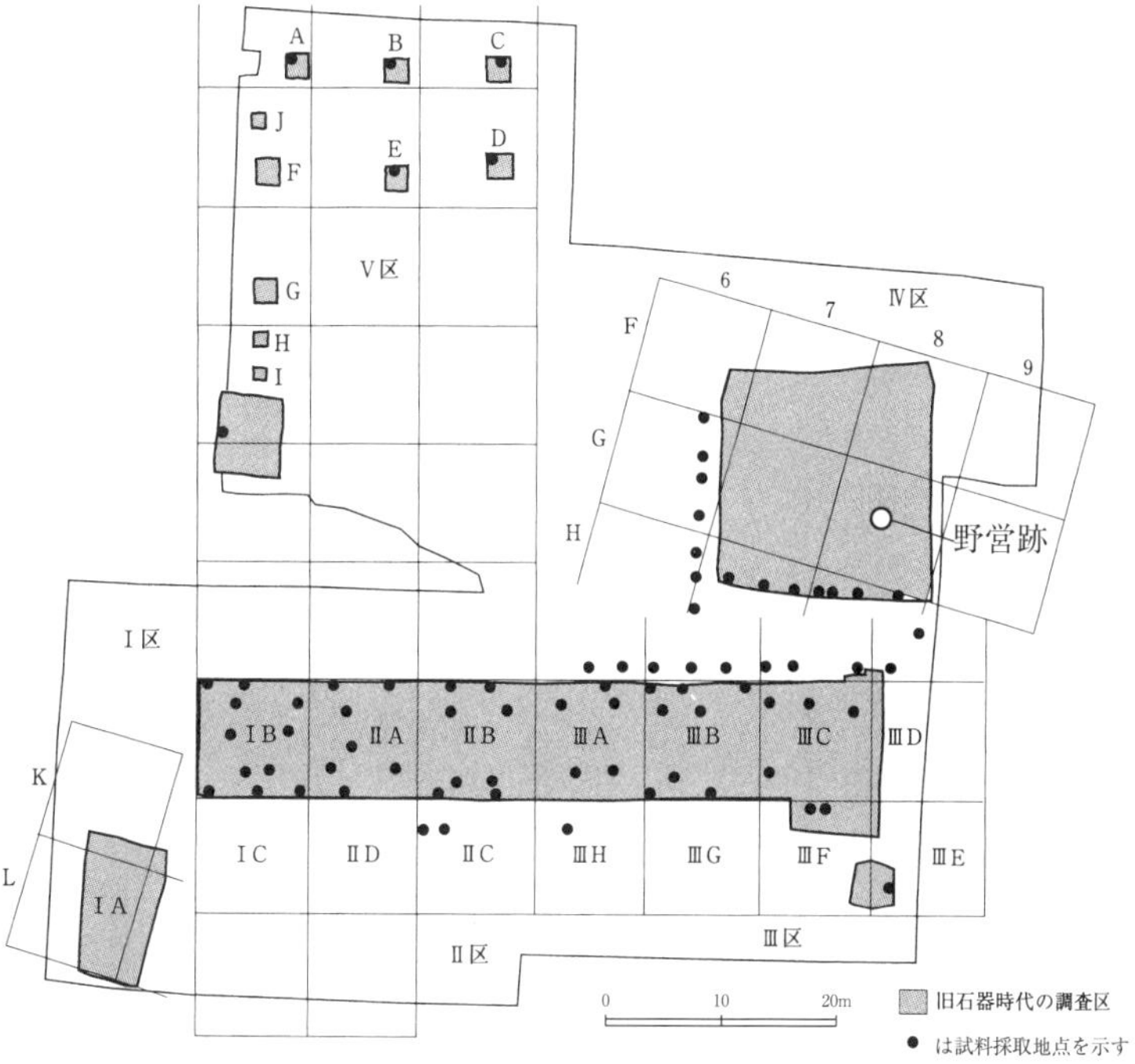

図12　第30次調査区設定図と試料採取地点図

四月三日、ⅣA～D区の約四〇〇平方メートルの調査により、Ⅳ区27層上面の地形面は北東方に高く、西南方に徐々に低くなっており、樹木群は標高の低い方へさらに広がっていることが確認された。また、拡張した調査区から石器は出土しなかったが、ⅣC区の石器は、標高七メートル前後の比較的高いところに分布していることが判明するとともに、その中央部には炉跡の可能性がある炭化物片集中箇所が検出され、野営の跡ではないかと考えられた（表紙写真、図11）。

四月十四日、文化庁調査官の視察。調査は、基本層25層から27層にかけて行われており、Ⅳ区とⅠA区の調査結果をふまえると、石器の出土する27層上面の地形面は、Ⅱ区・Ⅲ区の西部が低く、周辺が高い凹地状を呈していることが推定され、標高の低

表1　関連科学との連携

自然環境の復元	
地形・地質	調査区及び富沢遺跡周辺の二万年前の地形環境の復元
土壌分析	基本層25層～27層の堆積環境の復元
火山灰の同定	基本層17層から30層を対象として姶良丹沢火山灰の存否と層準比定
木材化石の同定	検出された樹木の樹種を同定し、湿地林の姿を復元
大型植物化石の同定	検出された毬果、葉などの種を同定し、湿地林の姿を復元
花粉分析	基本層25層～27層の平面的な花粉分析、気候復元、フンの花粉分析
植物珪酸体分析	基本層17層から30層を対象として植物環境を復元
珪藻分析	基本層25層～27層の珪藻化石の種類から水域・陸域を復元
昆虫化石の同定	検出された昆虫化石の種類から環境を復元
フンの分析	フンの形態、内容物の分析から落とし主を推定
フンの分析	排泄物であることを組織化学的分析で推定
年輪年代	３本の樹木の年輪数から湿地林の最小存続年数を測定
放射性炭素14年代測定	樹木などを対象に年代測定（非較正）
人類活動の復元	
木材化石	Ⅳ区27層上面炭化物片集中箇所の炭化材の樹種を同定
石材鑑定	Ⅳ区出土石器の石材を鑑定、産地を推定
石器の使用痕	Ⅳ区出土石器を顕微鏡で観察し、使用痕跡から運動方向、対象物を推定

いところに多くの樹木の存在が予想された。このため、Ⅰ区・Ⅱ区・Ⅲ区に東西六〇《メートル》、南北一〇《メートル》の調査区を設定し、Ⅰ区からⅣ区にかけてより広範な調査が行われることとなった。

第三〇次調査では、基本層序は1層から36層まで確認されていたが、旧石器時代のおもな対象となったのは、基本層25層から27層である（巻頭図版1、図12）。

発掘調査は、遺構および人工遺物とともに、自然遺物も考古学的な方法によって行われた。関連科学との連携は、表1のように自然環境と人類活動の復元を目的とし、具体的な検討事項や分析・同定のサンプル採取は、以下の四点をおたがいに理解することで進められた。

①両者の遺跡に対する共通項を発掘調

図13　第30次調査一般公開の様子（1988年６月12日）

査の基本層とする。

②現地主義を基本とし、現場で目的を提示し、方法を協議する。

③発掘調査成果あるいは他の分析との整合性を確認できるようにする。

④土壌を資料とする分析では、目的的に平面的な資料採取を行う。

サンプル採取は、それにもとづきおもに仙台市教育委員会によって行われ、その総数は、一〇〇〇点を越えた。そのうえで、表１のような分析・同定が行われた。

五月二日、Ⅳ区の調査がほぼ終了し、調査の主体がⅠ区～Ⅲ区へ移る（巻頭図版７）。この旧石器時代の調査は、基本層25層から27層上面にかけて検出された石器や樹木、球果、葉、種子、シカのフン（糞）などを図化し、地点を記録しながら進められていった。湧水が多く、調査区を小さく区切るためベルトを多く設定し、樹木の乾燥を防ぐことにも努めた。また、ベルトのうえに歩み板を置き、それらの間にさらに歩み板を渡して足場とし、できるだけ直接調査面には足を踏み入れないようにした。

六月十二日、現地説明会を開いて一般公開（図13）。あいにくの小雨模様だったが、一二〇〇名が来跡した。市民のアンケートには、「壮大なロマンを感じる」、「二万年前の生活の跡を自分の目で確認できたことに感動している」、「この貴重な遺跡を保存するよう最善を尽くしてその方法を考えてほしい」など、数多くの意見が寄せられた。また、日本考古学協会、第四紀学会から仙台市に対して、遺跡の保存に関する要望書が提出された。

八月二十三日、仙台市長の現地視察もあって、仙台市は、遺跡の重要性に鑑み、調査対象地区の保存を決定した。

九月一日、保存が決定したことから、収束へ向けて、保存公開のために必要な情報収集を行っていく方針がとられ、その一環として、Ⅴ区の旧石器時代の調査を始めた。

九月十九日、平面図をもとに、樹木観察表の作成と、樹種同定のためのサンプル採取を開始する。また、土壌サンプルを採取する五〇地点以上で柱状図作成を行う。この二つの作業は、十月下旬まで継続された。

十月二十八日、ラジコンヘリコプター、スカイマスターを用いて調査区全景写真の撮影。

十月三十日、現地説明会を開いて一般公開。一〇〇〇名が来跡した。

十一月一日、各種分析・同定のための土壌サンプル採取を開始する。

十一月四日、ⅢＦ区で、基本層30層の調査を行い、樹木の存在を確認した。

十一月二十二日、樹木を保存するため、調査の終了したⅠ区から順に粘土で樹木を被覆する作業が開始された。

十一月三十日、Ⅳ区の再調査を行う。基本層27層中の石器の検出、炭化物片集中箇所の断面調査、熱残留磁気のサンプル採取などが行われる。

十二月十二日、調査および粘土で樹木を被覆する作業も終了し、Ⅳ区焚火跡は不織布を敷き、その上を粘土で覆った。保存盛土工事へ移行する。

十二月二十三日、保存盛土工事終了。

(二) 保存公開へ

調査の後、発掘調査報告書の作成とともに、遺跡の保存に際して、仙台市教育委員会が検討していたのが、「発掘されたままの状態で保存公開できないか」ということだった。当時、そうした事例は世界中探してもなかったが、基本構想の根幹にすえて、実現への模索がつづけられることとなる。

Ⅲ　日本列島の旧石器時代の環境と人類

1　気候と地形

（一）気候変動とＭＩＳ２

地球規模の気候変動において、およそ二六〇万年前以降、底生有孔虫の酸素同位体比：ＭＩＳが現在の値よりも大きくなることが示すように寒冷化が進行し、北半球の高緯度地域に氷床が形成されるようになる。地質学では更新世の始まりであり、酸素同位体ステージ：ＭＩＳ103の基底に相当する。

更新世は、約七八万年前と約一三万年前を境に、前期、中期、後期に三区分されている。寒冷な気候は、温暖期を介在させながら継続し、後期更新世には、ＭＩＳ5eの温暖期（一三～一一万年前）の後、ＭＩＳ5d～5a・4の寒冷期（一一～五・九万年前）を経て、日本列島では、ＭＩＳ3の温暖期（五・九～二・四万年前）になって、考古遺物として石器の出土が確認される。

この時期には相対的な温暖期が長くつづくが、傾向としては寒冷化が進行しており、ＭＩＳ2との境界は、二・四万年前の鹿児島湾にある姶良火山の噴火による姶良丹沢火山灰：ATの降灰とされている。姶良丹沢火山灰は、町田洋・新井房夫によると、日本列島全域だけでなく、ロシア、韓国、中国でも見つかっており、その推定分布範囲はサハリン島、朝鮮半島、中国大陸の沿岸部、台湾島まで及ぶ広域火山灰であり、鍵層として、考古学や地質学だけでなく、さまざまな研究分野おいて重要視されている。なかでも、考古学では、この降灰を前後して、後期旧石器時代を前半と後半に分ける石器群の変化が見られる。仙台平野では、富沢遺跡で見つかっており、その層準は、人類の活動の痕跡が検出された第三〇次調査27層上面より下位の27層中あるいはその直下層に相当すると推定されている。

(二) 二万年前の列島と周辺の地形環境

氷河性の海水準変動によって、二万年前に海面がどの程度低下していたのか。現在の地形と比較して、当時の海岸線のマイナス標高および陸域と海域の範囲の推定は、地形や気候、海流など、他の分野とも密接にかかわる重要な課題である。なかでも、大陸に近い日本列島周辺では、外洋と日本海をつなぐ複数の海峡があり、それらの陸橋化の有無を含めた地形環境の復元が、古くから研究されてきた。

対象となる海峡は、間宮（タタール）海峡：水深約一五メートル、宗谷（ラ・ペルーズ）海峡：水深約六〇メートル、津軽海峡：水深約一四〇メートル、対馬海峡：水深約一三〇メートル、である。現状では、対馬海流：暖流が、東シナ海から対馬海峡を通って日本海に流入し、北上して、津軽海峡を通って太平洋へ、宗谷海峡を通ってオホーツク海へ流出している（リマン海流：寒流が、北東部から大陸沿岸に沿って南下している）。近年の研究をみると、海

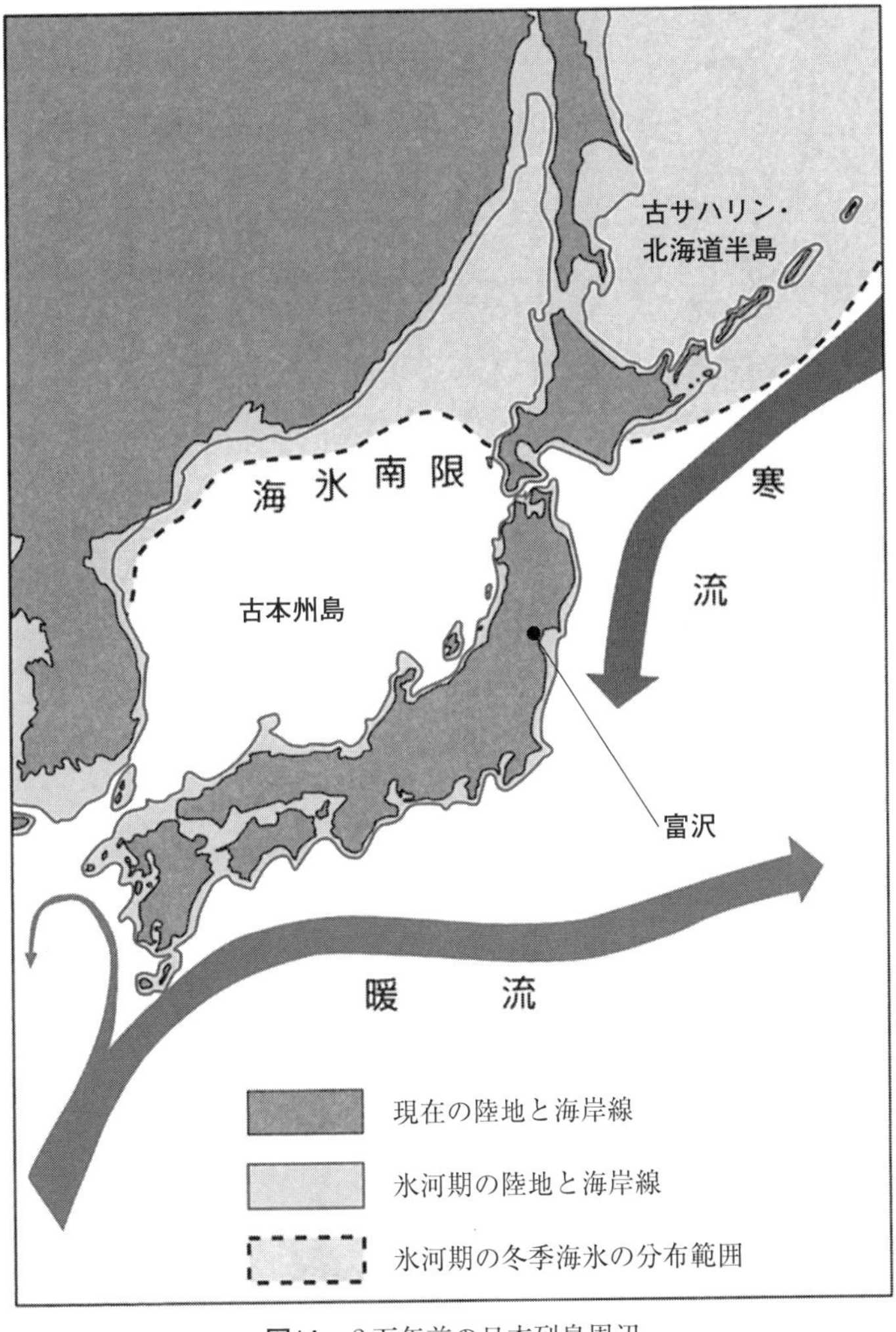

図14　2万年前の日本列島周辺

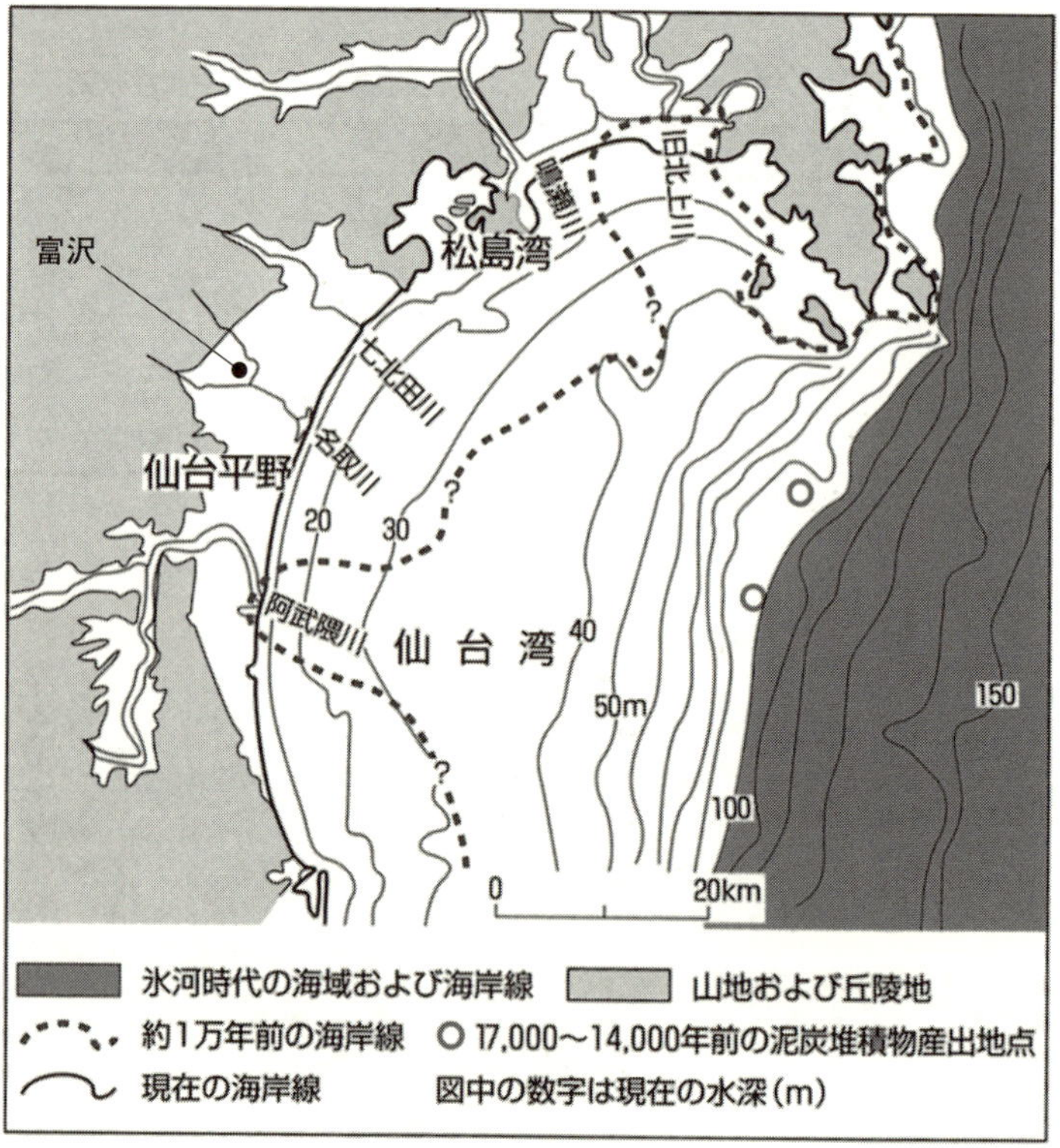

図15　仙台湾の海底地形

面の低下は、一九九〇年代には、八〇～一〇〇《メートル》前後、あるいは一二〇～一三〇《メートル》前後とする説があったが、二〇〇〇年代になると、後者の説が有力になっている。

　その理由のひとつに、日本海への対馬海流の流入に関する大場忠道の研究があり、それによると、日本海・隠岐の海底コアと太平洋・鹿島沖の海底コアに含まれる有孔虫の酸素同位体比をくらべ、少なくとも九・五万年前以降、一万年前まで、日本海に対馬暖流が流入していなかったこと、日本海側で一・八万年前頃に異常なピークを示すことから、この時期には日本海はほぼ閉鎖的であって、日本海表面の蒸発と降水のバランスが崩れ、周囲の河川から日本海の表層に淡水が供給されて低塩分水が広がったことが考えられている。そして、この塩分変化を引き起こすのに必要な日本海への海水流入量が二万年前には現在の〇・八%にあたる年間五〇〇立方キロ程度と算出され、その数値をもとにすると、津軽海峡とともに、潮汐流による海水交換でも説明できることから、短期間、陸橋が成立した可能性も否定できないとする見方もなされているのである。

　しかし、現状では、両海峡における陸橋の存在は明確ではなく、それに近い地形面の展開は推定されるが、対馬海峡最浅部においても水深一三〇メートル以下の海底谷がいくつもみられることから、二つの海峡とも、幅が狭く水深の浅い海峡であったと理解しておきたい。

　これらのことから、二万年前の日本列島周辺の陸域と水域は、図14のように、海峡底面の標高の違いから、水深の浅い間宮海峡、宗谷海峡は陸橋化し、水深の深い津軽海峡、対馬海峡では海峡が存在していた。そのため、北海道島は大陸と陸続きになって半島（古サハリン・北海道半島）の先端と化し、本州島、四国島、九州島は一つの島：古本州島となっていた。それは、富沢遺跡を含め、当時の列島を考えるうえで、大きな環境変化だったのであり、なかでも、海面付近の塩分濃度の低下と、海面水温の低下によって、日本海北半部の沿岸域が、冬季に結氷するようになったことから、津軽海峡に氷橋の形成が推定され、人類の移動を容易にしただけではなく、動物の移動をも可能としていたのである。

(三) 富沢遺跡と周辺の地形環境

二万年前の仙台平野、仙台湾の陸域と水域はどうだったのだろうか。現在の海底地形のマイナス一〇〇メートルを海岸線としたのが図15である。この時期の仙台平野周辺の地形を復元すると、海水面の低下により、海岸線が、現在よりも四〇〜五〇キロ沖合いにあり、そこにはきわめて平坦な地形面が展開していたと推定される。富沢遺跡は、標高一一〇メートルほどで、海岸線からは約六〇キロの位置にあり、眼下遠くに海がのぞまれたのであろう。しかし、旧石器時代の平野の大半は現在の海底下にあるため、より標高の低い平野部や海岸線付近における人類の活動を確認することができないことは念頭におく必要がある。その点では、この時期の富沢遺跡は、比較的標高の高い内陸部の低湿地遺跡として位置づけられる。

富沢遺跡は、西方の丘陵に近い位置にあり、北側を南東方向に流れる広瀬川、南側を東流する名取川が丘陵部から低地へ流入する位置が、遺跡からやや離れている。そのため、二つの河川は、富沢遺跡には入りにくい地形的条件下にあり、旧河道がその範囲内にはほとんどない。二万年前には、こうした本流の影響をほとんど受けず、むしろ、遺跡西方の二ツ沢や金洗沢による堆積作用によって地形が形成されていたと考えられている。この頃の名取川や広瀬川は、丘陵から礫を運んでおり、現在の平野部の流域沿いや下流には、その供給がつづいていたが、富沢のような丘陵に近いところでは、小さな沢から砂や礫が供給されていた。

二万年前の地形を模式図にしたのが図16と図17である。ボーリング調査や発掘調査のデータから作成した図に、湿地林の見つかった調査地点とその広がりを示した。富沢遺跡のあるところは、二

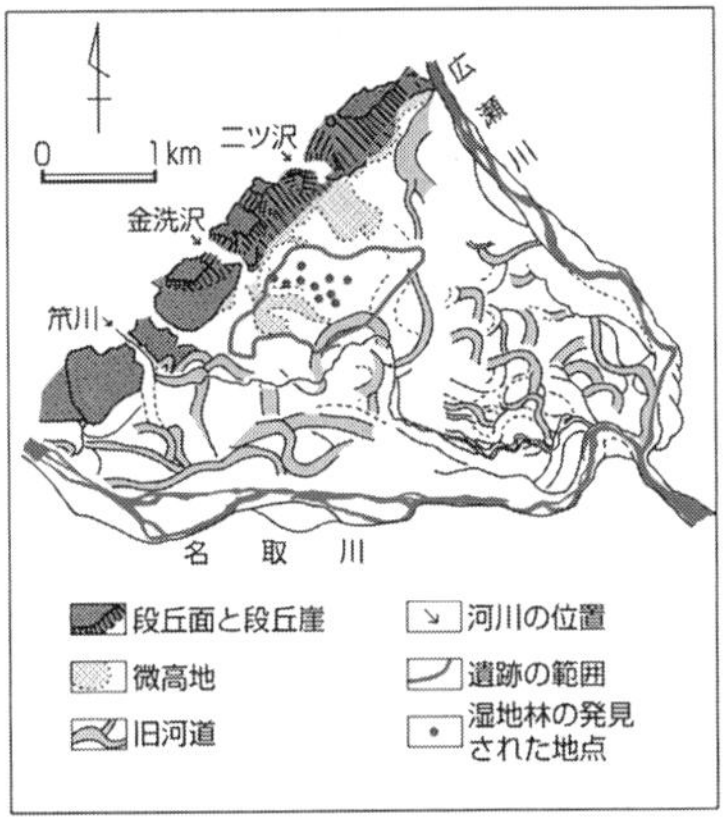

図16　地形復元と湿地林の広がり

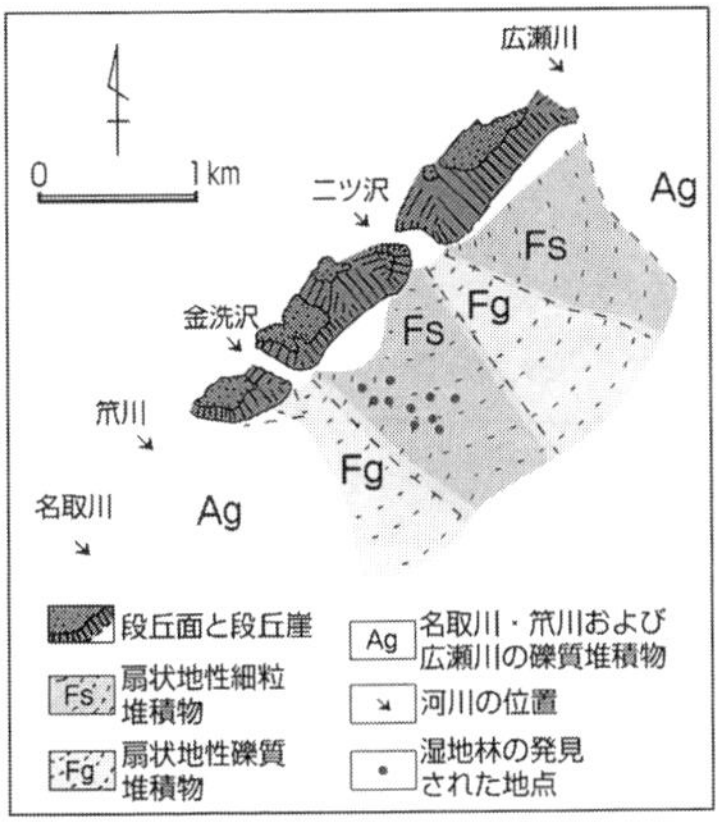

図17　富沢遺跡周辺の微地形と湿地林発見地点

ツ沢と金洗沢による堆積作用によって、全体としては東に向かって徐々に低くなる地形が展開していたことがわかる。

　しかし、湿地林の広がっているところはやや違っている。二ツ沢と金洗沢は砂や礫を供給しており、扇頂部から流路付近には礫、そこから離れるにしたがって砂や粘土といった粒子の細かなものが供給され、扇状地性の微高地が形成されていた。湿地林は、この二つの微高地に挟まれた遺跡北西部において、標高の低い湿性なところに広がっていたことがわかる。推定される面積は約一〇〜二〇ヘクタールである（図7）。実際には、微起伏のある変化に富んだ地形面が展開している。その要因は、北方と西方の二方向からの堆積作用を受けているためで、微地形の変化の起こりやすい、地形形成の上では不安定な堆積環境にあったといえる。

2 動植物相

(一) 動物相

古本州島の後期旧石器時代に生息していた動物群は、大型哺乳類：ニホンザル、ヒグマ、ツキノワグマ、キツネ、タヌキ、オオカミ、イイズナ、アナグマ、ナウマンゾウ、イノシシ、ヤベオオツノジカ、ニホンムカシジカ、ナツメジカ、ニホンジカ、ヘラジカ、オーロクッス（原牛）、ステップバイソン（野牛）などに、小型哺乳類：トガリネズミ科、モグラ科、ノウサギ科、リス科、ネズミ科、ヒナコウモリ科に属す小動物が加わる構成であった。このうち、大型哺乳類のヘラジカ、オーロックス（原牛）、ステップバイソン（野牛）は、亜寒帯性の森林、ステップに生息する北方系のマンモス動物群の構成種である（図18）。海水面が低下した寒冷期に、大陸から、半島化したサハリン・北海道島（古サハリン・北海道半島）を南下し、結氷した津軽海峡：氷橋を通り、古本州島へ渡ってきたと考えられている。これら三種を除いた動物群は、ナウマンゾウ―オオツノジカ動物群ともよばれ、大型哺乳類の構成からすると、中国大陸の周口店動物群と類似し、温帯の森林に生息する種類が主体をなしている。

列島という地理的な条件から、固有種の多い特徴があり、その形成については、大陸からの移動時期を中期更新世の四三万年前だけとする説と、それ以降も何回かあり、最後が一三〜一八万年前（MIS6）とする説があり、明確ではないが、絶滅種を含むこれらの化石は、古本州島では、岐阜県熊穴洞窟、長野県野尻湖、岩手県の花泉遺跡、風穴洞窟、青森県の尻屋崎、尻労安部洞窟（安部遺跡）などで出土しており、野尻湖では、

マンモス動物群
マンモスゾウ　ステップバイソン　ノロバ　アカシカ　オオツノジカ　ジャコウウシ　ケサイ　クズリ　ホッキョクグマ　ホラアナハイエナ　ケナガイタチ　トナカイ　ホラアナライオン　ユキウサギ　ウマ　ホラアナグマ　サイガ　ヨーロッパジリス　オオカミ　アナグマ　ヒグマ　ビーバー　ヘラジカ

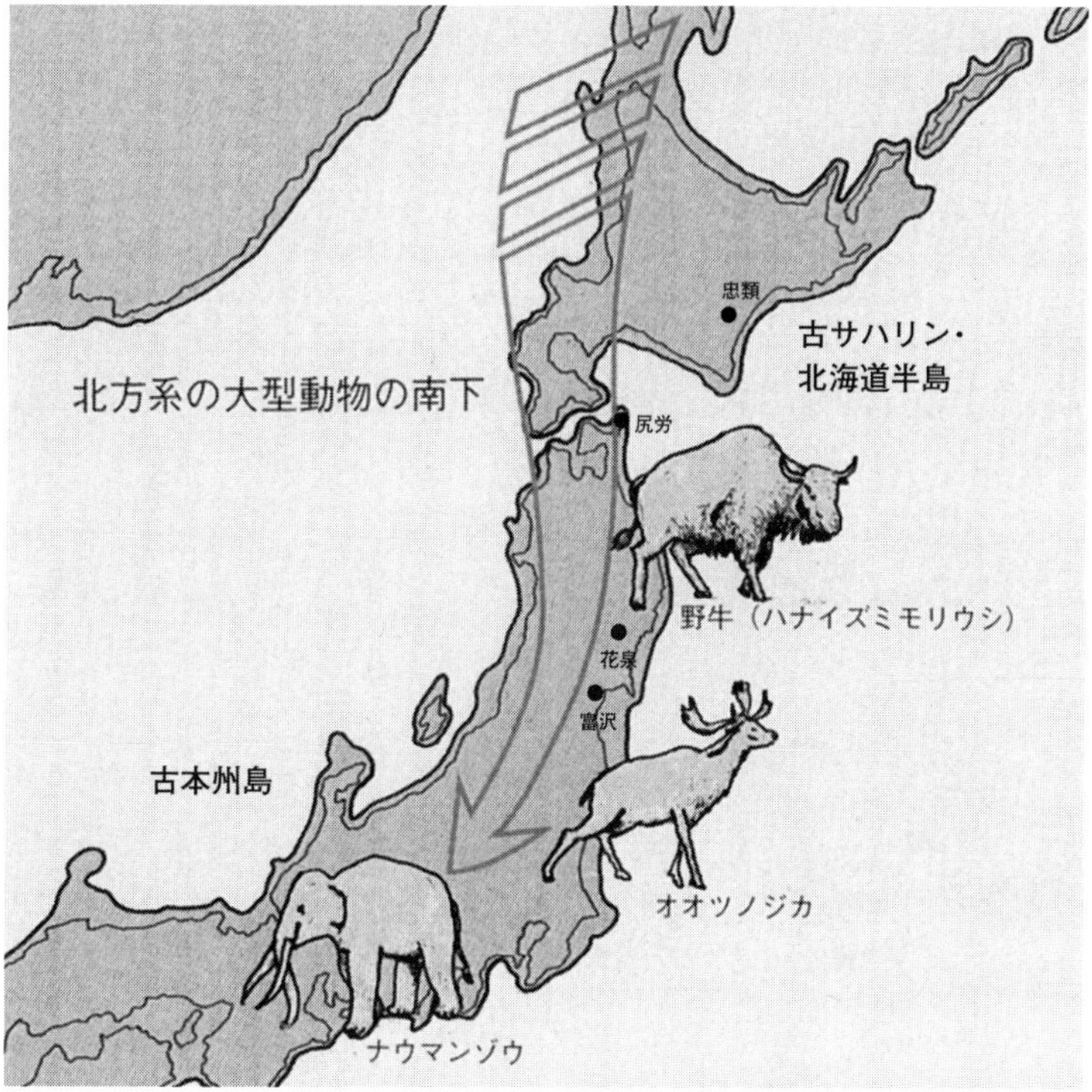

ナウマンゾウ－オオツノジカ動物群
ナウマンゾウ　ヤベオオツノジカ　ニホンムカシジカ　ニホンジカ　ヒグマ　テン　イイズナ　アナグマ　タヌキ　ニホンザル　オオカミ　キツネ

図18　二万年前の動物相

ナウマンゾウの足跡も発見されている。

花泉遺跡では、一九五〇年代の調査で、二万年前の動物化石が数多く見つかっており、富沢遺跡を含めて、古本州島北部の動物相を知るうえで貴重な資料となっている。動物化石は七種類認められ、ナウマンゾウ—オオツノジカ動物群のナウマンゾウ、オオツノジカ、ナツメジカ、ノウサギと、マンモス動物群のヘラジカ、オーロックス、ステップバイソンで構成されており、その特徴は大型の絶滅種が多いことで、なかでも、主体を占める絶滅種のステップバイソンは、地名と発見に携わった人の名前から「ハナイズミモリウシ」と名づけられている。

ここでは、花泉のおもな動物を紹介しておこう。ヘラジカは、ムースともいい、現生種を確認できる。シカ科では史上最大で、体長三メートル、体重は一トンに近いものもいる。出土数は少なく、南限は岐阜県熊穴洞窟である。ヘラジカは、当時、ユーラシアに分布していたが、日本列島からは姿を消した。現在では、北アメリカにもみられる。ステップバイソン（ハナイズミモリウシ）は体長二〜三メートル、肩から背中のところが盛り上がるのが特徴である。当時は、ユーラシアからアメリカ大陸に分布していたが、ユーラシアでは絶滅した。現在、北アメリカで見られるアメリカ・バイソンとは種を異にする。

ナウマンゾウは、古本州島、北海道島域に広く分布していた絶滅種である。アフリカゾウやインドゾウよりもやや小さい。前足が長く、背中は肩の部分が最も高い。肩までの高さは一・九〜二・七メートルと推定される。特徴として、牙にねじれがある。ゾウは、当時、ユーラシアからアフリカ、アメリカにかけて広く分布しており、ナウマンゾウはその一種である。北海道の忠類ナウマンゾウ産出地点の再調査では、産出層準が確認され、その年代は、ＭＩＳ5eの温暖期からＭＩＳ5dへの移行期のどこかの時期と考えられ、約一二万年前の時代と結論づけられている。道内において、湧別町で産出したナウマンゾウ化石の年代：三〇五二〇±二二〇 yrBP は、短い気候の温暖期にあたり、北海道島まで北上したと考えており、この時期に北海道島で生息していたマンモスゾウは、より北部にいたとしている。

また、オオツノジカも、古本州島、北海道島域に広く分布していた絶滅種である。体長二・五メートル、角高二・五メートル。眉上の扁平なヘラ状の角、後ろに延びて手のひらのように広がる大きな角（掌状角）が特徴的である。このような大きな角をもつシカは、当時、ユーラシアに広く分布していた。日本列島のオオツノジカは、その一種で、「ヤベオオツノジカ」とよばれている。

これらの日本列島にいた動物群のなかで、ゾウや大型のシカ類が姿を消すのは、一部の地域を除いて、古本州島では約二万年前、北海道島域では約一・六万年前と推定されており、気候の寒冷化との関連性だけではなく、人類の狩猟活動との関係も考えていく必要がある。その点で、近年注目されているのが、二〇〇一年から継続して行われている尻労安部洞窟の調査である。二万年前の層準から、大型偶蹄類の歯ほかに、ウサギ、ムササビといった小型動物の歯、ナイフ形石器が出土しており、研究の進展が期待される。

（二）植物相

後期旧石器時代の植物相については、一九八〇年代から埋没林や泥炭層の発掘調査事例が増えてきており、兵庫県板井寺ケ谷遺跡、東京都野川中洲北遺跡、新潟県樽口遺跡、岩手県大渡Ⅱ遺跡、

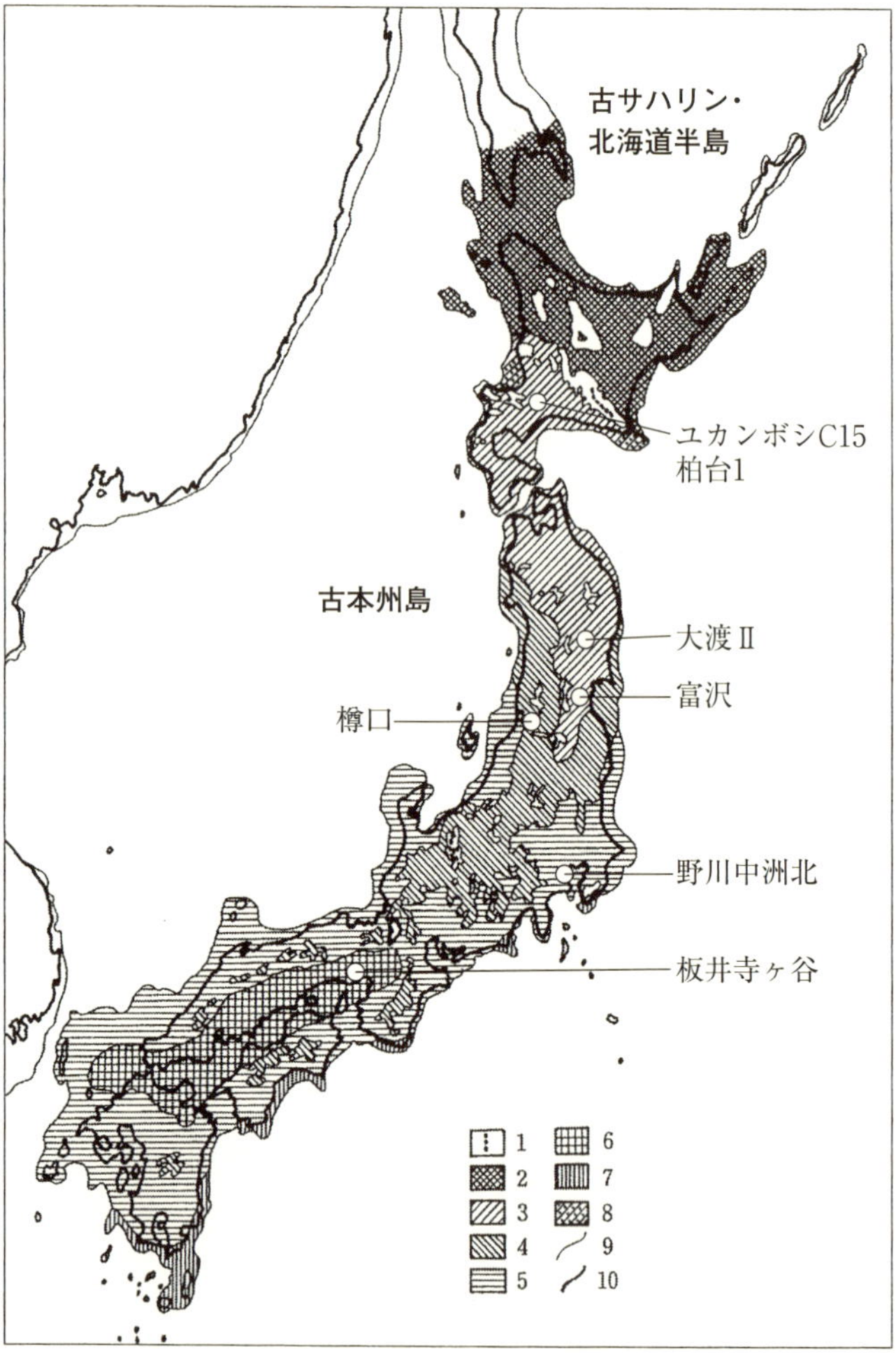

1：氷河（黒点）および高山の裸地・草地（ハイマツ帯を除く高山帯に相当する地域） 2：グイマツ・ハイマツを主とする疎林と草原 3：グイマツを主とする亜寒帯針葉樹林 4：グイマツをともなわない亜寒帯針葉樹林（中部地方および近畿地方では一部カラマツをともなう） 5：冷温帯落葉広葉樹林（ブナをともなう） 6：ブナをほとんどともなわない落葉広葉樹林 7：暖温帯常緑広葉樹林 8：草原 9：最終氷期最寒冷期の海岸線 10：現在の海岸線

図19 日本列島における最終氷期最寒冷期の植生図（小野・五十嵐1991論文より転載、一部加筆）

北海道ユカンボシC15遺跡など、各地の調査において、おもに花粉分析、大型植物化石、樹種同定によって復元が行われてきた（図19）。近年では、植生史研究において、それらに、DNA分析をはじめとして、プラント・オパール分析、珪藻分析、昆虫化石の同定などの成果を総合化して考えていくようになっている。

植生復元は、発掘調査の成果として、人類とのかかわりのもとに報告されることもあるが、本来的には自然科学分野の植生史研究として行われてきており、両者の連携が期待されている。そこでは、気候の違いに対応するような植生帯や森林帯として広い範囲で理解する方法がとられ、分析・同定結果から構成された植物群を、現生の植物群と比較することで、過去の植生や気候を推定することが多く行われてきている。辻誠一郎によれば、最終氷期最盛期の二万年前では、現在の日本列島において見られる植生帯の類型は明瞭には認められず、あえて区分すれば、北の方から、亜寒帯針葉樹林帯、亜寒帯性―温帯性針葉樹林帯、温帯性針葉樹林帯と針・広混交林がほぼ列島を覆っており、針葉樹が優先する植生が復元され、しかも、温帯性針葉樹も、亜寒帯性針葉樹も、現在の森林をつくっている種とは異なり、現在では絶滅に瀕するか希少な種であることがわかってきたという。

本書で紹介する二万年前の富沢遺跡は、亜寒帯性の針葉樹林帯に含まれるが、辻の指摘するように、常緑性のトウヒ属：トミザワトウヒ（絶滅種）、コウシントウヒ（絶滅種）を主とし、落葉性のカラマツ属：グイマツを交える亜寒帯性の針葉樹によって構成されており、現生にはない湿地林が形成されていたことが明らかになっている。

このように、過去の植生復元には課題があるも

図20　柏台1遺跡の二万年前の埋没林（北海道埋蔵文化財センター1999報告書より転載）

のの、東北・北海道の二万年前の植物相に関してみると、亜寒帯性の針葉樹林が広がっていたことは明らかであり、図19のように、北海道の北東部はグイマツ・ハイマツを主とする針葉樹の疎林か草原、北海道の中・南部から東北中部はグイマツを主体とする亜寒帯針葉樹林、東北南部、中部地域の内陸はグイマツをともなわない亜寒帯針葉樹林とする区分が示されている。富沢遺跡は、このなかで、グイマツを主とする亜寒帯性の針葉樹林帯の南部に位置し、トウヒ属を主としてグイマツをともなう湿地林を東北南部に復元している。

同じ樹林帯の北部に位置する北海道南部の千歳市ユカンボシC15遺跡では、樹種同定で九割以上がカラマツ属で、大型植物化石はグイマツの枝と毬果が出土しており、グイマツを主としてトウヒ属をともなう湿地林跡が見つかっている。また、千歳市柏台1遺跡では、湿地ではなく、微高地において、樹木そのものは残っていないが、木材組織が鉄分などに置換した痕跡をていねいに識別する高度な調査技術で森の跡を発見している。この森の跡は、恵庭a火山灰（En-a：一・九〜二・一万年前）に覆われて廃絶しており（図20）、調査の結果、根株を一二八株確認し、樹種はわからないが、ユカンボシC15遺跡の湿地林がサハリン北部の環境に似ていることから推定して、調査区六四〇〇平方メートルに同時に生育していたのは三〇本くらいで、カラマツ属にトウヒ属あるいはマツ属を含む針葉樹を主とし、わずかに広葉樹が混じる疎林を復元している。

　こうした二万年前の植生復元において、富沢遺跡やユカンボシC15遺跡、柏台1遺跡の調査は、植物相の研究方法として考古学の平面発掘を用い、植物化石を検出して記録化と試料採取を行い、それによって関連する分析・同定と連携することで、課題とされる絶滅種の検出や地点的な植生の違いを明らかにしていくうえで大きな貢献を果たしたといえる。

　また、最近では、富沢遺跡に関連して、最終氷期の植物化石のＤＮＡ分析が試みとして行われるようになっている。その一つは、長谷川陽一らによる富沢遺跡第一二六次調査で検出されたモミ属花粉の葉緑体ＤＮＡを対象とした現生モミ属五種との同定、もう一つは小林和貴らによる富沢遺跡を含むトウヒ属の針葉・毬果のＤＮＡを対象とした現生トウヒ属七種との同定である。結果として、現状では、形態による分類の方がＤＮＡ分析よりも細分化できることを示しており、今後は、トミザワトウヒなどの絶滅種の存在も視野に入れて二万年前あるいは最終氷期の植物化石のＤＮＡ分析数を増やしていく必要がある。富沢遺跡で見つかった現地性と共時性をもった豊富な植物化石は、基準となる地点的な定点資料として、植生復元の研究に寄与すると思われる。

3　二万年前の人類と新人の起源

二万年前の富沢の旧石器人の行動を考える前に、近年、インドネシアで発見された新たな種であるホモ・フローレシエンシスが提起する課題と、進展が目覚ましい新人：ホモ・サピエンスの起源と拡散に関する研究成果を見ておこう。

(一) ホモ・フローレシエンシスの発見

二〇〇三年にインドネシアのフローレス島で発見されたホモ・フローレシエンシスは、人類の進化の新たな枠組みの必要性を示した点で重要である(図4)。マイク・モーウッドらによると、リアン・ブア洞窟の調査で、一・二万年〜一・一万年前の「白色」凝灰岩質シルトを含む厚さ八〇センチほど層に覆われた、九・五万年前〜一・二万年前の堆積層から見つかったこの化石人類は、一二個体が確認され、女性の一個体（LB1：一・八万年前）は、身長一メートル強、体重三〇キロ、脳容量約〇・四リットルで、四肢骨は太く、比較的腕は長く、脚は短いのに対して、顔は短く、歯は小さく、アウストラロピテクス属とホモ属の両方の特徴をもっていたのである。

その祖先となったのは、ホモ属の出現以降、より早い時期にアフリカを出た未確認の人類なのか、あるいはホモ・エレクトゥスなのか、そして、島嶼部における長期の進化では小型化することが人類にも想定されており、興味は尽きない。

また、ホモ・フローレシエンシスが残した石器には、単純な剥片とともに、細部を加工した石器も含まれており、渡海の時期や方法を含めて、アフリカ大陸とフローレス島を空間的、時間的につなぐのにどのような理解が可能なのか、あるいはまったく異なる思考が必要なのか、今後の研究に待つほかない。しかし、いずれにしても、富沢の旧石器人が活動していた時期には、地球上に新人とは異なる人類が存在していたことは間違いなく、こうした人類が他にも存在している可能性を想定しておくべきであろう。島嶼部でのできごとだとすれば、日本列島も例外ではないのかもしれない。

(二) 新人の起源

新人：ホモ・サピエンスの起源と拡散については、遺伝人類学が大きな役割をはたしている。そのアフリカ単一起源説のもとになった「イヴ仮説」の基本的な考え方は、人類は、生殖によって両親のDNAが複製されて組み換えが起こるが、それが起こらない二つの部分が、母方の系統を受け継ぐミトコンドリアDNA（mtDNA）と父方の系統を受け継ぐY染色体であり、そのため、それらは一定の速度で突然変異し、ミトコンドリアDNAでは一〇〇〇世代に一つの割合で現れることから、それを分子時計として分岐の年代を推定し、進化の系統樹をつくることができるというものである。

一九八〇年代後半、世界各地の一四七人の女性を対象としてmtDNAの分析を行い、共通の祖先を求めたところ、およそ二〇万年前にアフリカで生きていた一人の女性「イヴ」（より正確には一四～二八万年前）にたどり着いた。その成果は、一九八七年にレベッカ・カーンらによって『ネイチャー』誌に発表され、「イヴ仮説」とよばれたのである。

その後、mtDNAの系統樹は東アフリカから広がっていることが知られるとともに、Y染色体の研究においても、共通の祖先がアフリカの一人の男性「アダム」が推定され、「イヴ仮説」：アフリカ単一起源説の妥当性と、アフリカから全世界への拡散ルートを特定しようとする研究がなされた。スティーヴン・オッペンハイマーによると、この新人の出アフリカは、原人のときと異なり、当初、シナイ半島からレバント（東部地中海沿岸域）を通って北上するのがむずかしかったらしく、有力となっているのは、アフリカ北東部から紅海東端のバブ・エル・マンデブ海峡：通称「泪の門」を渡り、アラビア半島南端を通るルートで、年代は七〜八万年前と推定されている。その東方への経路上では、図5に示すスリランカのファン・ヒエン洞窟（三・一万年前）、インドネシアのニアー洞窟（四・〇万年前）で新人化石が見つかっている。

しかし、一方で、ユーラシアへの新人の拡散、特にアジアへのルートと年代に関しては、海部陽介や出穂雅実らが、新たな発掘調査成果や、これまでの考古学、形質人類学の成果の再検討によって、ヒマラヤ山脈の南と北を通る二つのルートの存在を提起している。その年代は四〜五万年前で、MIS3の温暖期に相当する。ルートの一つは、東南アジアへの「南ルート」である。もう一つがレバントからヒマラヤ山脈の北を通る「北ルート」で、図5に示すロシアのカラ・ボム遺跡（四・六万年前）などが知られている。日本列島へ最初に新人が到達するには、それからやや時間がかかるようであるが、二つのルートを通ってきたと考えられる。

また、単一起源説については、近年、DNA分析の精度が向上し、化石人骨を対象とした分析が行われるようになると、「イヴ仮説」で単純に理解するには課題があることがわかってきた。その理由の一つは、旧人と新人の交雑の可能性が指摘されたことである。旧人の遺伝子が、新人にどの程度受け継がれているのかは、今後、より詳しい研究の進展によってもたらされるだろうが、考古学的には、アフリカに起源する「現代人的行動」が、世界中に拡散していく過程を見ることができる。

(三)　現代人的行動

では、新人を特徴づける「現代人的行動」とは、どのようなものなのか。これは、本書で富沢の旧石器人の行動において検証すべき課題でもあるので、簡単に紹介しておこう。

旧石器時代の先進的な研究がなされてきたヨーロッパでは、一九九〇年代に、中期旧石器時代から後期旧石器時代にかけて、新しい石器製作技術、石器の種類の増加と画一化、骨角器・装飾品・写実的な芸術の登場、とくにラスコーやアルタミラの洞窟壁画など、人間集団の変化と地域性の拡大が指摘され、その移行期：六万年前から三万年前に起こった変化を、新人による急激な変革として、後期旧石器文化がヨーロッパを中心として発現したような理解がなされる傾向があった。

しかし、それらの行動は、すでに新人が出現していたアフリカでは、ヨーロッパに先行して、二八万年前以降、少しずつ認められてきており、二〇〇〇年に、サリー・マクブレアティとアリソン・ブルックスは、そうした新人を特徴づける文化的な行動を地球的規模で認められる「現代人的行動」として、その進化は、南アフリカ共和国のクラシーズ・リバーマウスやブロンボス洞窟など、アフリカの中期石器時代の遺跡から考えていくべきであると強く主張した。この二〇〇〇年に発表された論文は、新人の拡散を考えるうえで、遺伝人類学の「イヴ仮説」とともに、人類学・考古学の基本的な方法の提示として重要な位置を占めている。

この二人の女性研究者によれば、現代人的行動は、大きく、抽象的な思考・深遠な計画性・技術的な革新・象徴的な行為に分けられた行動能力によって特徴づけられ、それを示す証拠は、前述の特徴を含め、「生態」・「技術」・「経済と社会」・「象徴性」に分類されている。以下に、それぞれの証拠のおもな例を示した。

「生態」：未開の地への居住域の拡大。
「技術」：新しい石器技術（石刃・細石刃・背潰し）、火の管理の向上。
「経済と社会」：遠隔地石材の管理、資源開発の季節性と計画的行動。
「象徴性」：顔料の利用、穿孔・彫刻品。

これらの発現は、日本列島から遠く離れた欧州・近東地域の新人の証拠にもとづいて想定されたものであるが、出穂雅実は、こうした研究の状況をふまえながら、ユーラシア大陸各地、および日本列島において固有の一揃えの現代人的行動を認め、気候帯、植物相、動物相、景観といった生態系変化に対して、すでに技術的に適応可能であったと推測している。なかでも、行動範囲の拡大は、MIS3の温暖期に、北極圏の北緯七〇度前後に残されたロシアのヤナRHS遺跡（二・八万年前）やマーモントヴァヤ・クーリャ遺跡（三・四万年前）の調査によって明らかにされている。つまり、広域に及ぶ研究の進展は、多様性と地域的な変異を明らかにしているのであり、新人には、共通する特有な行動能力とともに、地域固有の環境に適応する行動能力が認められるのであり、それが、さまざまな環境に対して地球的な

表2 現代人的行動とその出現時期・日本列島の様相

	項目	出現年代	日本列島	柏台1	富沢
1	石刃	28万年前	○	○	○
2	石臼	28万年前	○	○	
3	顔料の加工	28万年前	○	○	
4	尖頭器（両面加工）	25万年前	○		
5	貝の採集	14万年前	○		
6	長距離の物資交換	14万年前	○	○	○
7	漁撈	11万年前			
8	骨角器の製作	10万年前	△		
9	逆棘のついた尖頭器	10万年前			
10	採鉱	10万年前	○		
11	表示のある（彫った）物品	10万年前	○	○	
12	細石器（細石刃石器群）	7万年前	○	○	
13	ビーズ（玉）	6万年前	○	○	
14	イメージ	4万数千年前			

※「日本列島」は、日本列島の後期旧石器時代、「柏台1」、「富沢」は二万年前

規模で拡散した要因であったと考えられる。

そして、彼女らは、現代人的行動を特徴づける考古学的な証拠として、表2のように、一四項目を年代とともに図示し、人類がそれらを少しずつ獲得していくことを明らかにしている。この表では、それらの内容と出現時期を古い方から示すが、ここでは、それに加えて日本列島の旧石器時代との比較も確認されるものを「○」、可能性を「△」として表示した。なお、「柏台1」は、前述した二万年前の埋没林が見つかった北海道の遺跡であるが、後述するように、その下層から炉跡をともなう石器のまとまり（ブロック）が多数検出されている。

各項目は、その後の研究の進展によってより正確に把握されつつあるが、基本的な内容に変更はなく、アフリカ大陸では、日本列島の後期旧石器時代を特徴づける石刃は二八万年前には存在して

おり、石核および石器の二五％ほどを占めている。また、日本列島では後期旧石器時代の後半に出現する両面加工の尖頭器は、アフリカ大陸では二五万年前には存在している。

こうした現代人的行動は、二万年前になると、その多くがアフリカ、中近東をはじめとして、ヨーロッパ、ユーラシアから東アジアにかけて広く認められるようになる。日本列島では、最終氷期最寒冷期に富沢遺跡を含めた東北に広く存在している石刃石器群、それと、この時期を前後して、古サハリン・北海道半島先端部：北海道島域に出現する細石刃石器群が現代人的行動をよく示している。本書では、当時の自然環境が発掘調査された成果として、東北では、富沢遺跡で針葉樹を主とする湿地林跡を紹介しながら、そこでの旧石器人の活動を考えていくが、北海道島域にも目を向けて、石狩低地帯の遺跡で発見された森の跡や人類の活動の痕跡との比較を行いながら、広い視野で進めていきたい。

Ⅳ　富沢遺跡の二万年前の環境と人類

富沢遺跡第三〇次調査の最大の成果は、旧石器時代の自然環境がそのまま残されていたなかに、人類の活動の痕跡が同時に見つかったことにある。そしてそれは、巻頭の図版2の復元画A・図版3の復元画Bの二枚に結実している。

この二枚の復元画は、絵描き（細野氏の自称）の細野修一氏によって描かれた。復元画Aは、一九九二年に刊行された『富沢遺跡第三〇次発掘調査報告書―旧石器時代編』に掲載されており、発掘調査や報告書作成にかかわったさまざまな専門分野間の度重なる検討をふまえて描かれた。富沢遺跡の調査は、その後も継続されて旧石器時代の調査箇所も増えたことから、より広く環境を復元した復元画Bを新たに製作して、一九九九年に刊行された『仙台市史通史編1原始』に掲載した。

ここでは、復元画の根拠になった自然環境と人類活動に関する具体的な調査成果を紹介し、その後、復元画A（報告書掲載）、復元画B（仙台市史掲載）の製作について、その意図と方法を述べていきたい。

1　第三〇次調査の自然環境復元

旧石器時代の調査の対象となったのは、基本層25層から27層にかけてである。その面積は約一一〇〇平方メートルで、調査区はⅠ区からⅤ区に大別し、さらに細分した（図12）。発掘調査では、調査区内の平面的な環境復元を基本的な方針として、関連科学のさまざまな分析や同定が行われた。それを担当した研究者との検討会が四回開催され、相互確認を行ったうえで成果が報告書として刊行されている。

一九八九年十二月　第一回全体検討会
一九九〇年　十月　第二回全体検討会
一九九〇年十一月　第一回植生復元検討会
一九九二年　三月　第二回植生復元検討会

ここでは、こうした検討会の議論をふまえながら、数多くの報告のなかで、基本層25～27層の層相と地形面、出土した自然遺物を対象とした樹種の同定、植物の同定、昆虫の同定、放射性炭素年代測定、フン（糞）の分析、採取した土壌サンプルを対象とした花粉分析、珪藻分析の結果を紹介し、復元画の背景となった自然環境を導き出した過程を知っていただこう。

なお、関連科学の諸分野では、発掘調査などで過去の地層から出土した樹木や毬果（松ぼっくり）、葉、昆虫といった自然遺物が、石のように固結していなくとも「化石」とよんでおり、木材化石、大型植物化石、昆虫化石といった名称を用い、それらとともに、土壌から検出した花粉や珪藻も「化石」として扱っている。また、さまざまな分析の対象は、「試料」として扱われており、考古学が土器や石器に対して用いている「資料」とは区別している。

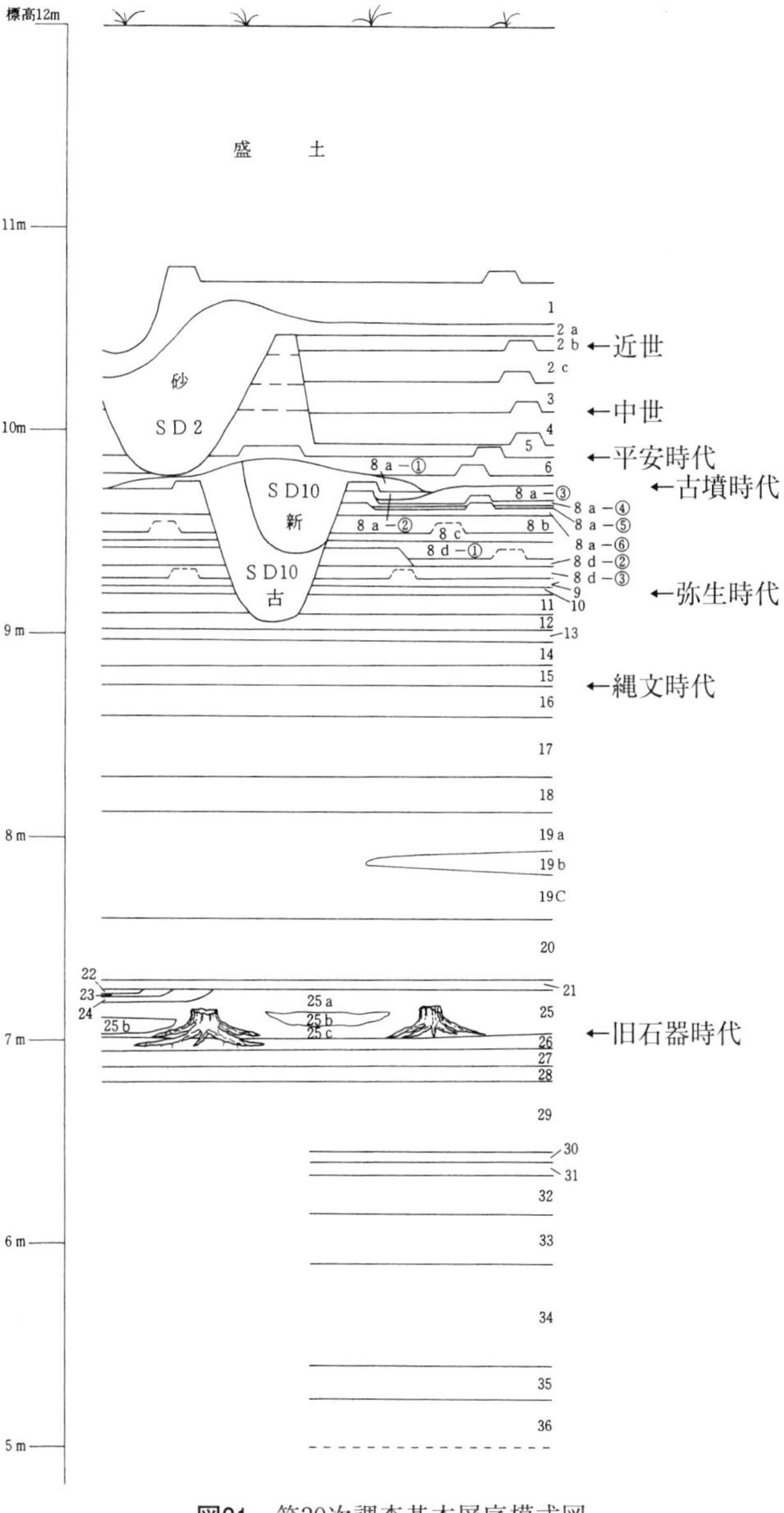

図21　第30次調査基本層序模式図

分析・同定の資料となった土壌サンプルは、発掘調査がほぼ終了に近づいた頃に仙台市教育委員会によって採取された。図12に示すように、花粉分析、土壌分析、植物珪酸体分析、珪藻分析を主たる対象として、五〇地点以上で25～27層の土壌ブロック資料約一〇〇〇点の採取を一カ月かけて行った。

（一）基本層25層～27層の層相と地形面

基本層の観察は、調査区内の自然環境およびその変遷を考えるうえで基本となる。前述した周辺の地形や堆積環境、後述する樹木や植物の生育環境ともかかわっているため、ここでは図21にもとづき、各層ごとに、層相と地形面の説明をしておこう。

25層　まず層相をみてみると、この層は、a・b・cの三層に細分される。25a層・25c層は、明オリーブ灰色（5GY7/1）の粘土層、25b層は、緑灰色（5G6/1）の砂層である。25b層の分布は、ⅠB区～ⅢA区の南部にだけみられる。25a層・25c層はⅣ区北東部を除くⅠ～Ⅳ区に分布するが、この二つの層はほぼ同じ層相を示しており、25b層の分布していないところでは分層できず、この場合には「25層」としている。25層の層厚は、25b層の分布するⅡB区・ⅢA区で約四〇《センチ》と最も厚く、ⅠB区、ⅢC区、Ⅳ区へ行くに従い層厚を減じている。

次に地形面をみてみると、調査区内での25層上面の標高は、六・八〇《メートル》～七・三〇《メートル》である。ⅡA区の標高が最も高く、ⅢA区とⅢB区の北半部からⅣD区の南西部にかけて最も低い。ⅠB区の標高はⅡA区よりもやや低いが、全体としての地形面は、ⅢA区、ⅢB区、ⅣD区の標高の低いところを中心に周辺に徐々に高くなっていく傾向にある。

26層

層相をみてみると、この層は粘土の供給、腐植層の形成とその土壌化をおもな成因としている。全体的な色調は黒褐色(10YR2/2)である。Ⅳ区北東部を除くⅠ区〜Ⅳ区に分布する。26層上面にはやや起伏がみられ、層厚は地点的に異なるが、全体としてはⅡB区・ⅢA区で約一五〜三〇センチと最も厚く、ⅠB区、ⅢC区へ行くに従い層厚を減じている。

地形面をみてみると、調査区内での26層上面の標高は、六・六〇メートル〜七・〇五メートルである。ⅠB区とⅡA区の北側と、Ⅳ区の北側から東側にかけてと、Ⅲ区の東側の標高が最も高く、ⅡB区とⅢA区が最も低い。全体としての地形面は、この最も低いところを中心に南方へ開く凹地状を呈している。

27層

この層は、シルト質粘土の供給をおもな成因としている。全体的な色調はオリーブ灰色（2.5GY6/1）である。27層上面にはやや起伏はあるが、むしろ28層上面の起伏がいちじるしく、層厚は安定していない。厚いところでは四〇センチを越えるが、全体としては、調査区の北方、東方、西方に行くに従い薄くなっている。

地形面をみると、調査区内での27層上面の標高は、六・五〇メートル〜七・一〇メートルである。全体としての地形面は、26層上面と同様で、南方に開く凹地状を呈している。

全体の地形面の変化

27層から25層にかけての地形面の変化については、26層の堆積が腐植層の形成を主としており、27層上面を覆うようになされたことから、南方に開く凹地状を呈していた地形面に変化はほとんどみられない。そうした傾向は、25c層の形成中も継続していたが、25b層が標高のより低いところに厚く堆積したために、調査区内での南北方向の高低差が小さくなり、25a層の堆積によって西方により高い地形面となる変化が認められた。

（二）木材化石の樹種同定（鈴木三男・能代修一）

樹木は、Ⅰ区～Ⅳ区で総数三二一本を確認した。発掘調査では、これらの樹木は、1／10の平面図の作成・標高の記入→1／20あるいは1／40の全体図を作成→個体を識別して番号をつけて図面で確認→観察表の作成（残存状況、幹の直径、根の直下の層の確認）→樹種同定用（一センチ四方）および年輪測定用（輪切り状）の資料採取と採取位置の平面図への記入）を行った。樹木は、検出状況から、樹根＋樹幹、樹幹、樹根、樹幹に区別して扱い、樹根の帰属層位は図22のように分けた。

樹種の同定は、樹木から、輪切りにした面（横断面）、縦割りにしたときに、芯から樹皮に向かう面（放射断面）とそれに直交する面（接線断面）の三方向のきわめて薄い切片を、片刃カミソリを用いて採り、プレパラートをつくって生物顕微鏡で観察（五〇倍～一〇〇倍）し、現生樹木の標本と比較して個々の木材組織の特徴から同定する。

その結果は、表3に示してあるが、トウヒ属・カラマツ属を主体として、モミ属をともなう構成である（巻頭図版6）。樹種別の数量にみると、トウヒ属が根株の五三％、標本全体の四四％を占めていて最も多く、カラマツ属とモミ属が同数でそれぞれ根株の二二％、標本全体の二六～二八％を占めている。その他に、ハンノキ属ハンノキ節およびヤシャブシ節の根株が一点ずつと、カバノキ属の標本が三点得られている。樹木の主要な構成要素はトウヒ属およびカラマツ属で、ともに直

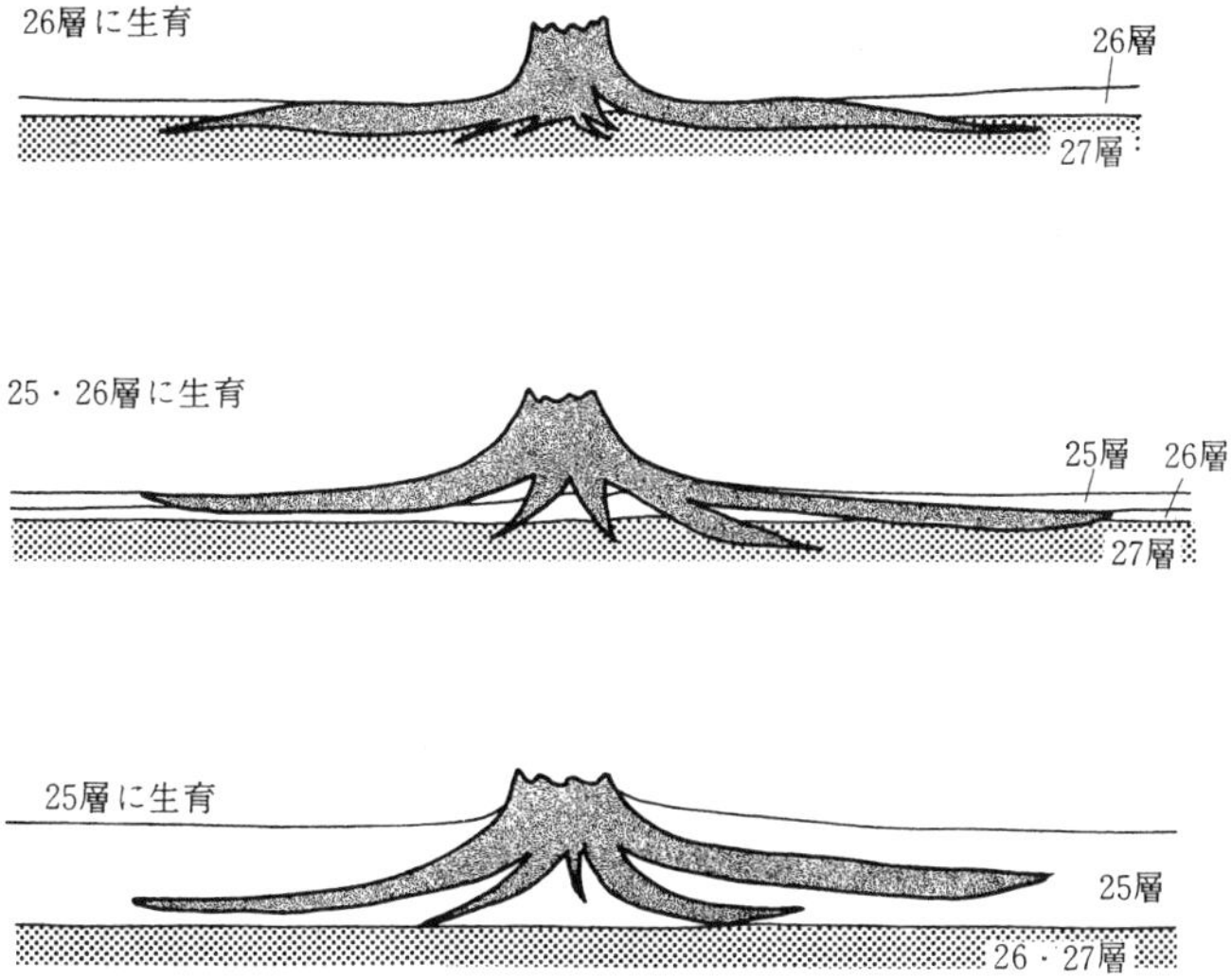

図22　根株の生育層位の判断基準

径五〇センチを越えるものと多数の後継樹からなり、両者は適宜に混交して生育していた。モミ属は、被圧された小径木が両者のあいだ、とくにトウヒ属の周囲に散在しており、樹木の主要な構成要素ではなかった。

根株の大きさをみると、表4のように、モミ属はほとんどが直径二〇センチ未満と小さいが、トウヒ属、カラマツ属はⅠ区～Ⅲ区の中央部を中心に大きい根株が多く（巻頭図版7）、直径五〇センチ以上で平根の広がりが六メートルを超えるものもある。カラマツ属の幹の輪切り試料三点から得られた年輪数の測定から、湿地林は少なくとも三二三年間は存続していたことが明らかにされている。

生育層位では、25層が一七九本（うち根株五八）、25～26層が七二本（うち根株四三）、26層が六四本（うち根株三〇）、層位不明が六本（うち根株二）である。25層に帰属する樹木が多いのが

表3　地区ごとの標本点数

樹種名	地区									合計
	I B	II A	II B	III A	III B	III C	III F	IV	V	
モミ属	11 [6]	23 [9]	15 [6]		6 [3]	4 [3]	1	20 [2]	1	81 [29]
トウヒ属	22 [16]	11 [9]	12 [7]	14 [8]	24 [6]	20 [10]	4 [2]	29 [11]	5	141 [69]
カラマツ属	10 [5]	3 [1]	7 [3]	28 [7]	10 [5]	5 [4]	4 [2]	23 [6]	4	94 [33]
ハンキノ節					1 [1]					1 [1]
ヤシャブシ節			1 [1]							1 [1]
カバノキ属								3		3
合　計	43 [27]	37 [19]	35 [17]	42 [15]	41 [15]	29 [17]	9 [4]	75 [19]	10	321 [133]

[　　]：根株の点数

表4　埋没林構成樹種の直径分布

樹種名	直径階 (cm)							合計
	−10	−20	−30	−40	−50	−60	−70	
モミ属	26 [4]	34 [15]					1	61 [19]
トウヒ属	24 [11]	28 [14]	10 [8]	2 [1]	3 [2]	1 [1]		68 [37]
カラマツ属	13 [2]	15 [5]	7 [4]	5 [3]	5 [3]	1	1 [1]	47 [18]
ヤシャブシ節		1 [1]						1 [1]
合　計	63 [17]	78 [35]	17 [12]	7 [4]	8 [5]	2 [1]	2 [1]	177 [75]

[　　]：根株の点数

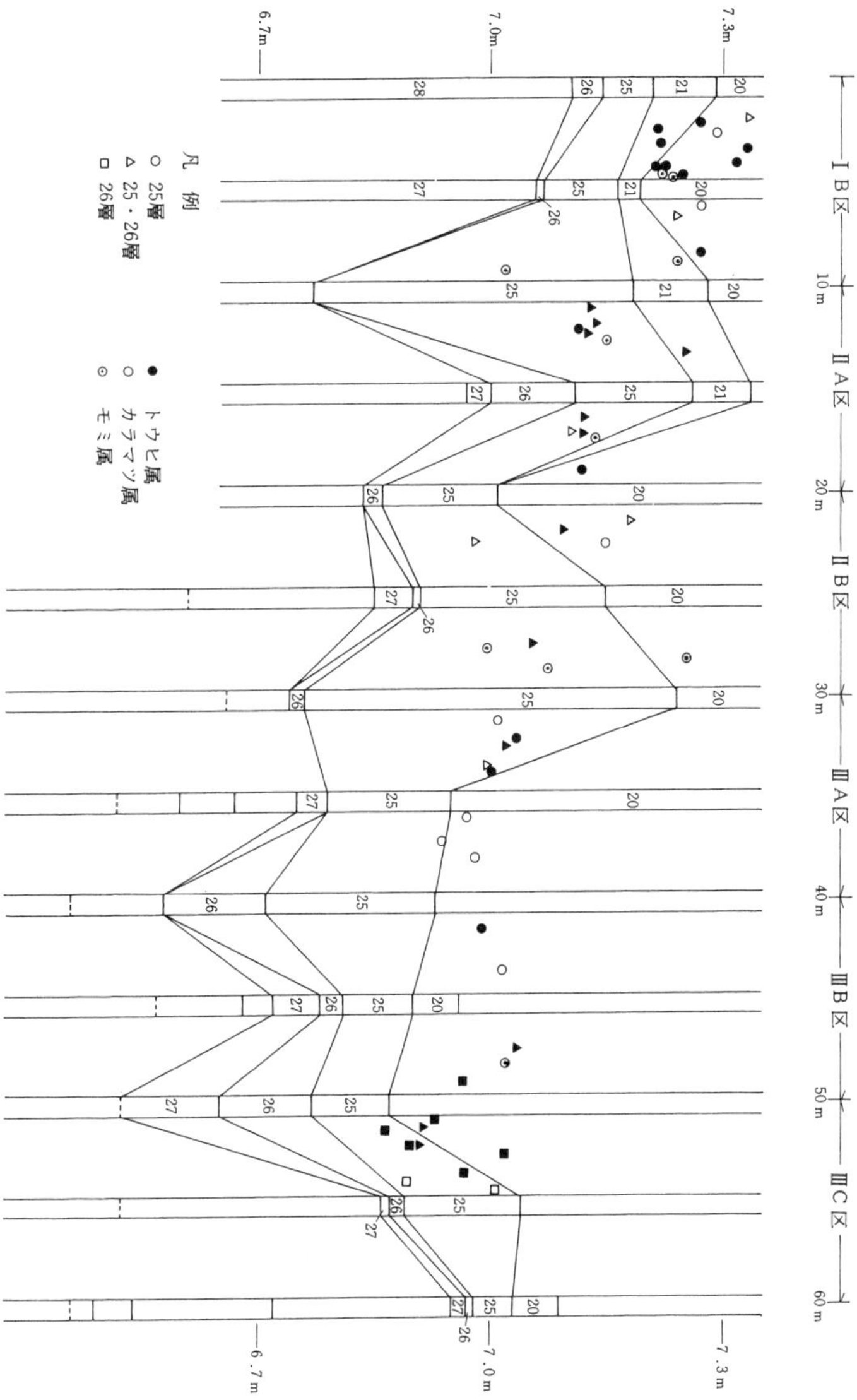

図23　根株の最高位の分布図

特徴で、一二一本の幹のうち三六本が細別層への帰属が判明しており、25c層が二三本、25a層一三本である。平面的な樹木の分布と生育層位との関係は、ⅠB区では25層生育の樹木が主体、ⅡA〜ⅢB区は25層および25・26層生育の樹木で構成、ⅢC〜Ⅳ区は25・26層および26層生育の樹木で構成、と大きく三つの分布がある。それらの根株の標高の最高位をみると、図23のように、Ⅰ区では標高七・二メートル〜七・三メートル、ⅡA区〜ⅡB区では七・一メートル〜七・二メートル、ⅡB区〜ⅢC区では七・〇メートル前後にまとまる傾向があり、25層帰属の樹根が、最も高い標高を示すまとまりに多いのである。

第二回全体検討会では、この湿地林が成立していた層準と期間が検討された。樹木や植物を担当した研究者からは、26層が森林土壌と考えられ、湿地林はそれにともなってほぼ一時期とする考えや、25層から出土した毬果などは、25層の堆積とともに他から動いてきたものではないか、といった意見も出された。そのため、第一回植生復元検討会では、25層を生育層位とする樹木が多く存在することと毬果の出土が整合することを調査記録をもとに共通認識がはかられ、調査区全体の樹木の残存状況から、26層の時期だけに成立していたのではなく、25層の時期にも存続していたことが了解された。これは、発掘調査の成果といえる。

(三) 大型植物化石の同定（鈴木敬治）

樹木を除く植物化石は、毬果・果実・種子・葉・枝が、25層、26層、27層から出土した。発掘調査では、個々に番号をつけて地点と層位を記録し、平面分布図を作成した。毬果には、大きくトウヒ属とカラマツ属があり、トウヒ属はそのまま取り上げたが、カラマツ属には枝にいくつかつい

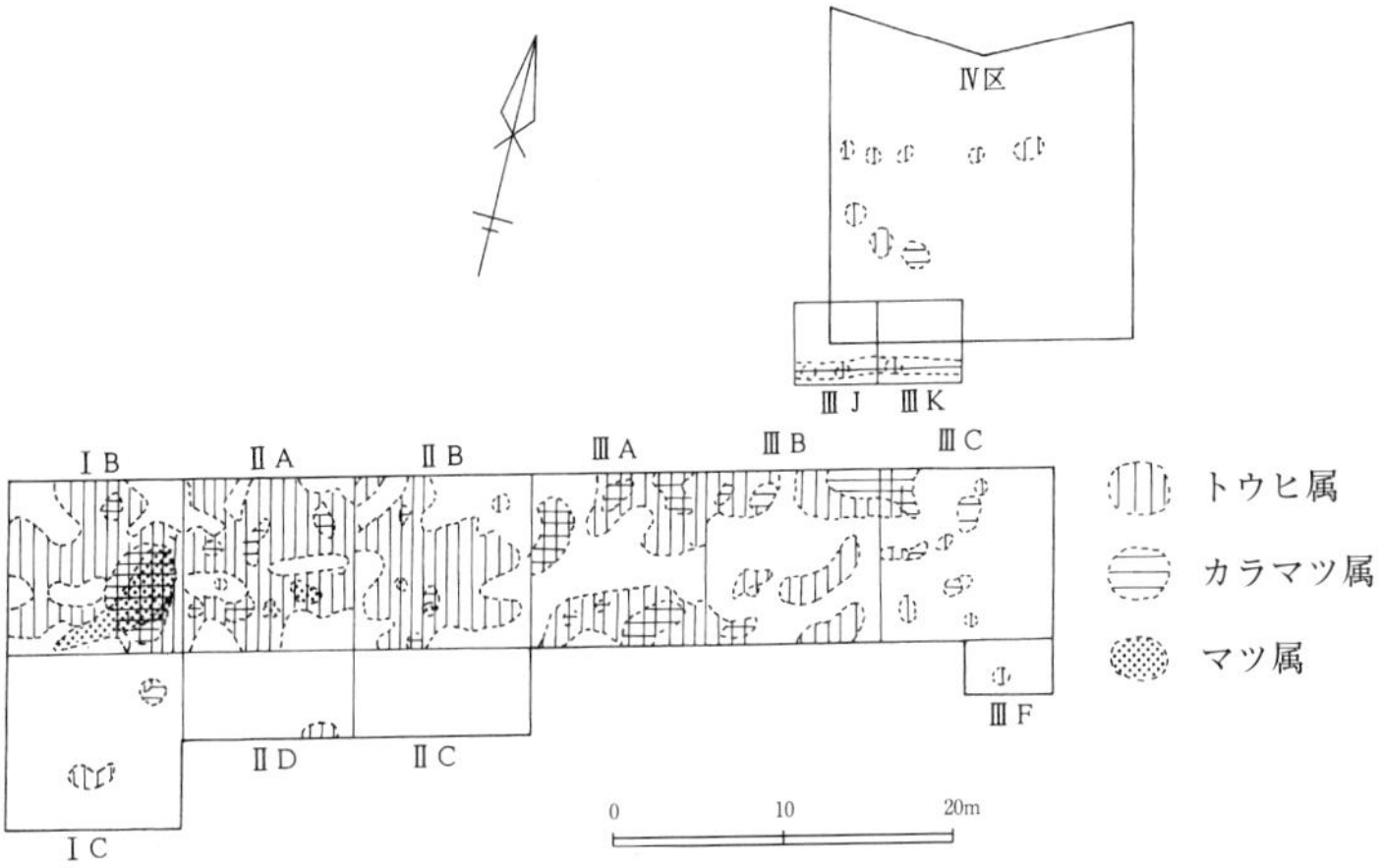

図24 25層における毬果・種子・長枝などの化石産状（概念図）

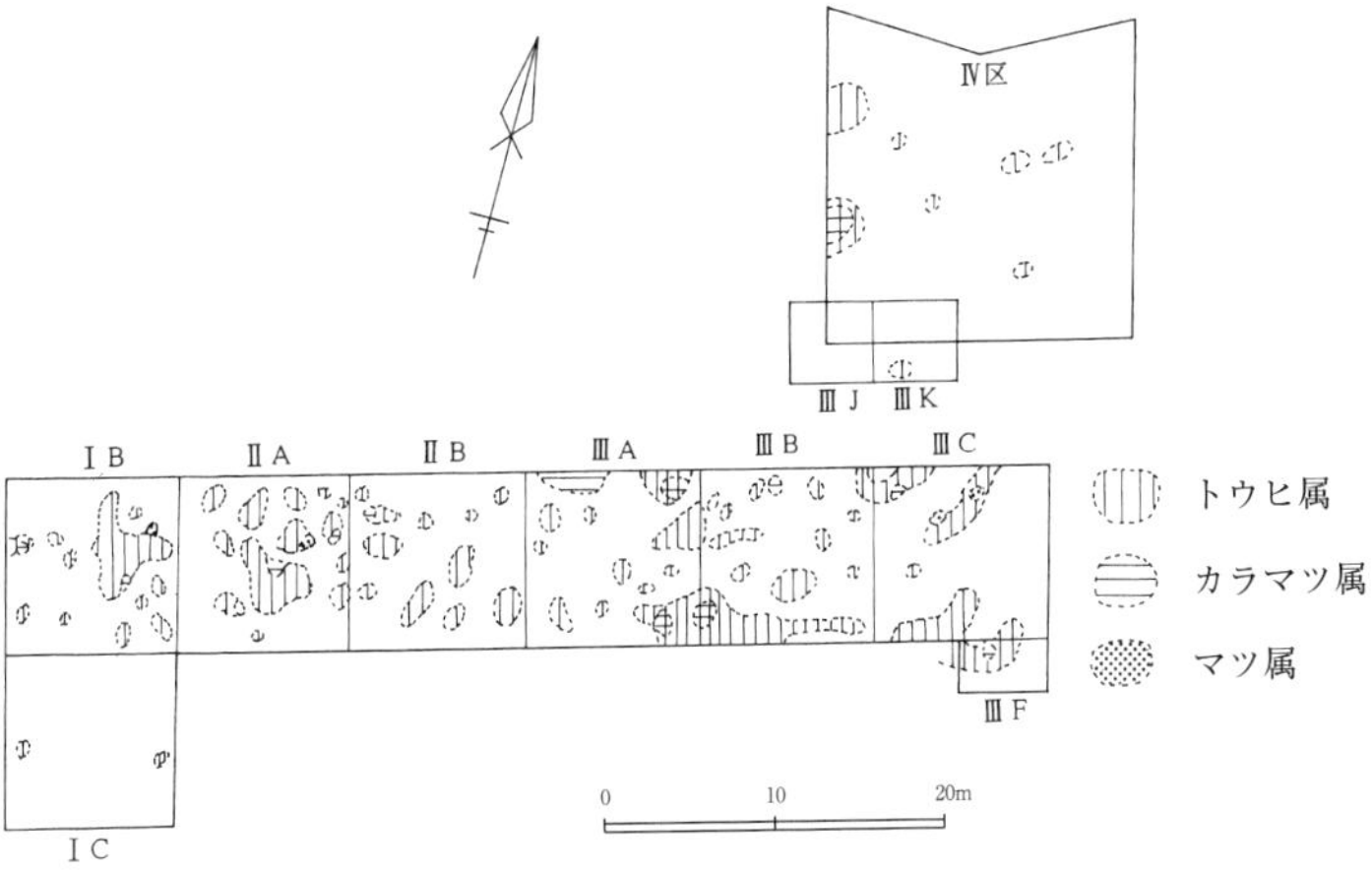

図25 26層における毬果・種子・長枝などの化石産状（概念図）

区分	目	科	属	種
高木	マツ目	マツ科	マツ属▲	チョウセンゴヨウ○◎
			カラマツ属△■	グイマツ●
			トウヒ属▲■	トミザワトウヒ●
				コウシントウヒ●
			モミ属▲■○	トドマツ※
			ツガ属▲	
		ヒノキ科		リシリビャクシン
	ブナ目	カバノキ科	カバノキ属▲	シラカンバ○
		ブナ科	ブナ属▲	
			コナラ属▲	
低木	ブナ目	カバノキ科	ハンノキ属▲□	ヤマハンノキ○
			ヤシャブシ属△□	ヤシャブシ※
			ハシバミ属▲	ハシバミ※◎
	ヤナギ目	ヤナギ科	ヤナギ属△○	ネコヤナギ？※
	ツツジ目	ツツジ科▲		イソツツジ※
				クロマメノキ※◎
				ハクサンシャクナゲ※
				コケモモ※◎
		ガンコウラン科		ガンコウラン※
草本	バラ目	バラ科	ワレモコウ属△	ワレモコウ※
			キイチゴ属（○）	ホロムイイチゴ◎
	キキョウ目	キク科	ヨモギ属▲	チシマヨモギ※◎
		キク亜科▲		サワギク※
				エゾサハアザミ※
	ユリ目	ユリ科△		エゾカンゾウ
	サクラソウ目	サクラソウ科		ツマトリソウ※
	ゼンマイ目	ゼンマイ科△		ヤマドリゼンマイ※◎
	カヤツリグサ目	カヤツリグサ科▲		ヒメカンガレイ○
				ミタケスゲ○
				ホロムイスゲ※
				ワタスゲ※
	キンポウゲ目	キンポウゲ科	カラマツソウ属▲	アキカラマツ※
			オウレン属△	ミツバオウレン※
		スイレン科		コオホネ※◎
	リンドウ目	ミツガシワ科	ミツガシワ属△	ミツガシワ（○）
	タコノキ目	ガマ科	ガマ属△	ガマ○
		ミクリ科	ミクリ属	ミクリ（○）
	セリ目	セリ科▲		エゾニュウ※◎

グイマツ

イソツツジ

ヤマドリゼンマイ

ワタスゲ

凡例　花粉：多▲少△、樹木：多■少□、球果または葉：多●少○、推定種：※、食用可：◎

図26　富沢遺跡から発見された植物

ている状態で見つかることもあり、その場合には土壌ごと取り上げた。広葉樹の葉の多くと、チョウセンゴヨウの種子の一部も土壌ごと取り上げた。また、土壌の水洗によって種子の選別作業も行われた。

植物の同定は、形質上の特徴を検討し、現存する分類群と比較して行う。その結果、九科一三属が識別され、なかには種まで同定されたものがある（図24・25）。

マツ科：トウヒ属、カラマツ属、マツ属、モミ属
カヤツリグサ科：ホタルイ属、スゲ属
イネ科：ヨシ属
ヤナギ科：ヤナギ属
カバノキ科：カバノキ属、ハンノキ属
バラ科：サクラ属
タデ科：ギシギシ属
スギナモ科：スギナモ属
ツツジ科

植物は、「目—科—属—（節）—種」というように分類されており、前述した樹木や後述する花粉の同定では、多くは属までしかわからないが、大型植物化石は種までわかることがあり、植生復元にとっては重要な知見となる（図26）。なかでも、カラマツ属には種としてカラマツとグイマツがあり、樹種同定ではどちらかわからなかったが、出土した毬果はグイマツだけだったので、この調査で見つかったカラマツ属の樹木はグイマツと判明したのである。

毬果は、カラマツ属一種（グイマツ：図27）とトウヒ属二種（トミザワトウヒ：図28・コウシントウヒ）が同定されている。これらは二〇〇〇個以上出土しており、その分布および出土層準は、樹木のトウヒ属、カラマツ属の分布とほぼ同様の

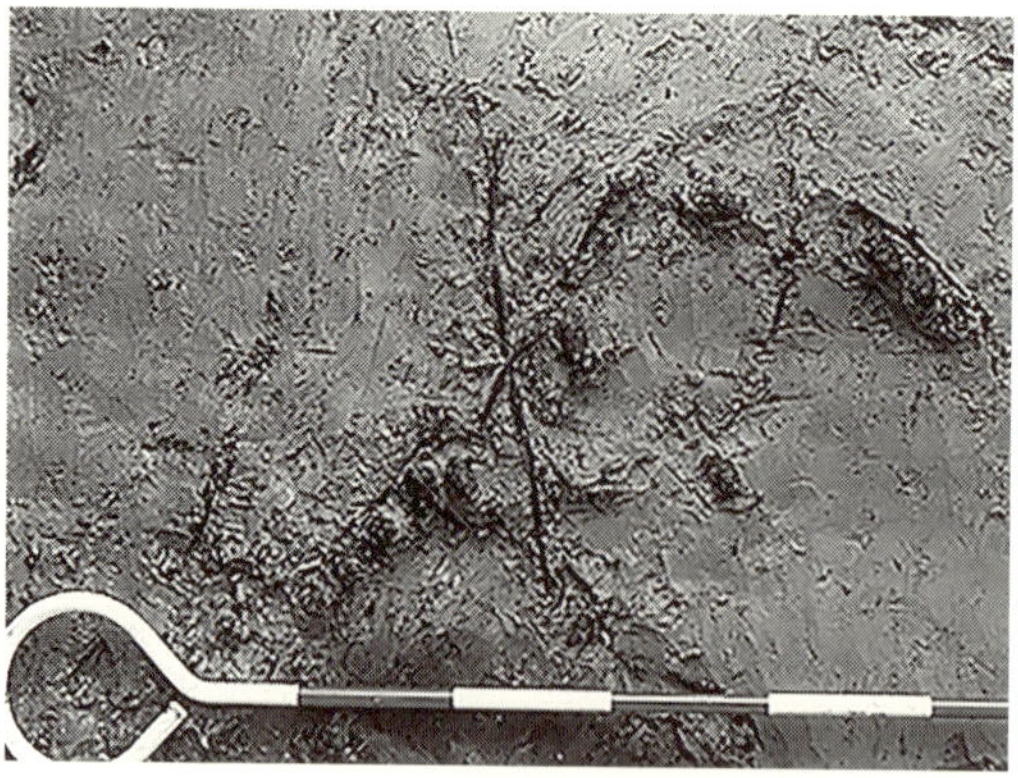

図27　グイマツ（毬果・枝）

図28　トミザワトウヒ（毬果）

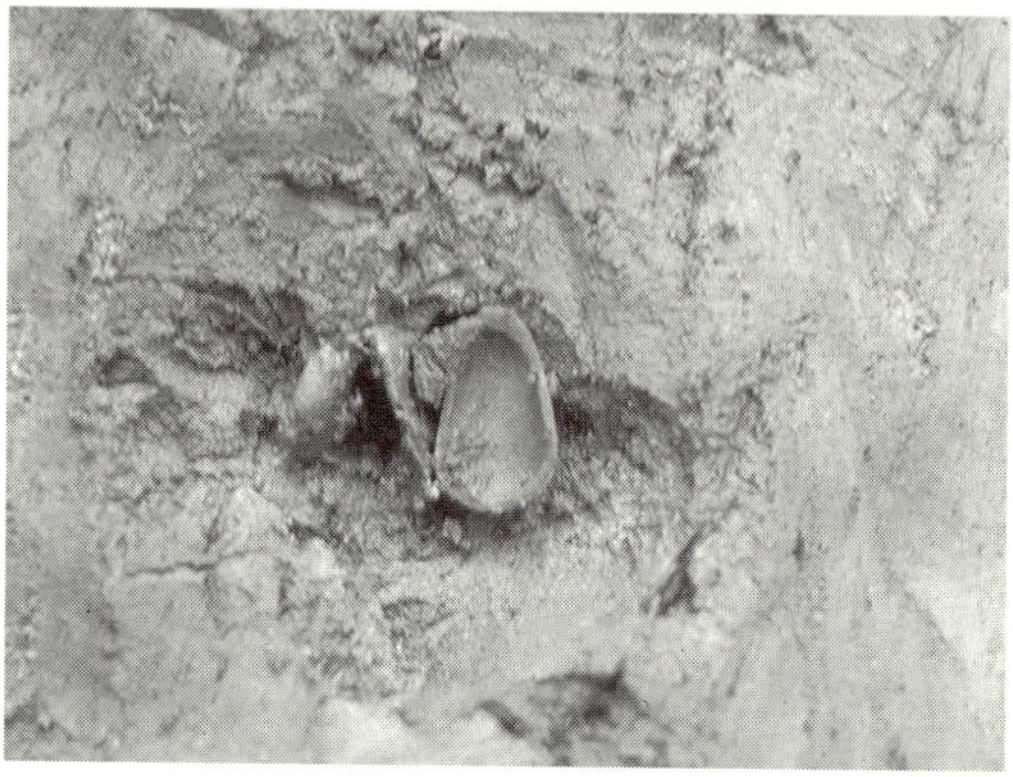

図29　チョウセンゴヨウ（堅果）

図30　ヤマハンノキ
（葉）

図31　ヤナギ属（葉）

図32　シラカンバ（葉）

傾向にある。トウヒ属の分布は、ⅠB区からⅡB区にかけて多く、それより東側では少ない。25層の細別層で取り上げた各層の数量をみると、25a層で六八個、25b層で五〇個、25c層で五五七個である。カラマツ属の分布は、ⅢA区で最も多く、その他の地区でもⅢC区とⅣ区の東側を除いてほぼ全域に広がっている。出土状況には、各地点にまとまりをもつ分布がみられる。25層の細別層で取り上げた各層の数量をみると、25a層で一個、25b層で二個、25c層で五一個である。こうした分布状況は、25c層から25b層・25a層にかけて出土数の極端な減少を示している。そして、トウヒ属の分布は、25a層の時期には調査区西半部のⅠB区・ⅡA区に多くなるが、この傾向は樹木のトウヒ属の分布とほぼ同じである。

種子は多数検出されている。そのうち、チョウセンゴヨウの種子（堅果）は二八点（図29）あり、そのほとんどがⅠB区の25層から出土している。このなかには、小動物による食害の跡を示す穴があけられているものがある。また、スゲの仲間やヒメカンガレイなどの湿地性植物の痩果が採取されており、前者はⅠB区からⅢC区にかけて一〇〇点以上検出されている。

葉は、25層からそのほとんどが出土している。モミ属二点、ヨシ属二点、ハンノキ属ヤマハンノキ九点（図30）、ヤナギ属一点（図31）、カバノキ属シラカンバ四点（図32）、ツツジ科一点である。それらの分布は、周辺よりもやや低いⅢA区・ⅢB区に多く、その周囲に散在する傾向がある。

調査区内での環境変化として湿地林に大きな影響があったのは、25b層・25a層の堆積時に水位が上昇し浅い水域と化したことで、樹木が急激に減少し、多くの分類群（ハンノキ属、カバノキ属、ヤナギ属、ヨシ属など）の葉や果などが周辺地域から流入、堆積し、25層の堆積終了時には、ほとんど植生が失われるにいたったと推定される。

　これらの植物の同定を通して鈴木敬治は、27層～25層の各堆積時には、調査区を含めた周辺地域に浅い水溜りを有する水湿地域が存在し、ほぼ同じ分類群からなる植生が微地形の違いに対応して分布しており、一部または広い範囲には水湿地域に特有な森林（疎林）も発達していたとする。そして、出土した化石群集から、当時の植生は、現在の仙台付近の植生と大きく異なり、本州の山地帯上部よりも高い所や北海道東部の針広混合林帯よりも北方に分布する水湿地域の植生に比較され、年間をとおして降水量の少ない乾燥した気候条件下にあったと推測している。

（四）フン（糞）の分析（高槻成紀）

　フンはおもに25層から21地点で検出された（図33・34）。層準としては、25層中～26層上面、25c層中、25層中、25a層中で、25層の堆積期間中に残されている。分布は、図28のように調査区全域にわたる。出土したフンは、一個の大きさが、長さ二～三センチ、幅二センチ前後であるが、土圧によって扁平化しており、実際には、現生のシカのフンをつぶし、元の形と大きさを復元したところ、平均で長さ二〇・四ミリ、幅一一・四ミリと推定される。

　発掘調査では、フンのまとまりごとに番号をつけて写真撮影、1／5の平面図を作成し、標高を記入し、多くを土壌ごと取り上げた。二一地点のフンの検出個数は、一〇個以下が七地点、一〇～五〇個が九地点、五〇～一〇〇地点が四地点、一〇〇個以上が一地点である。

　高槻の分析は、出土状況、粒数、形状・サイ

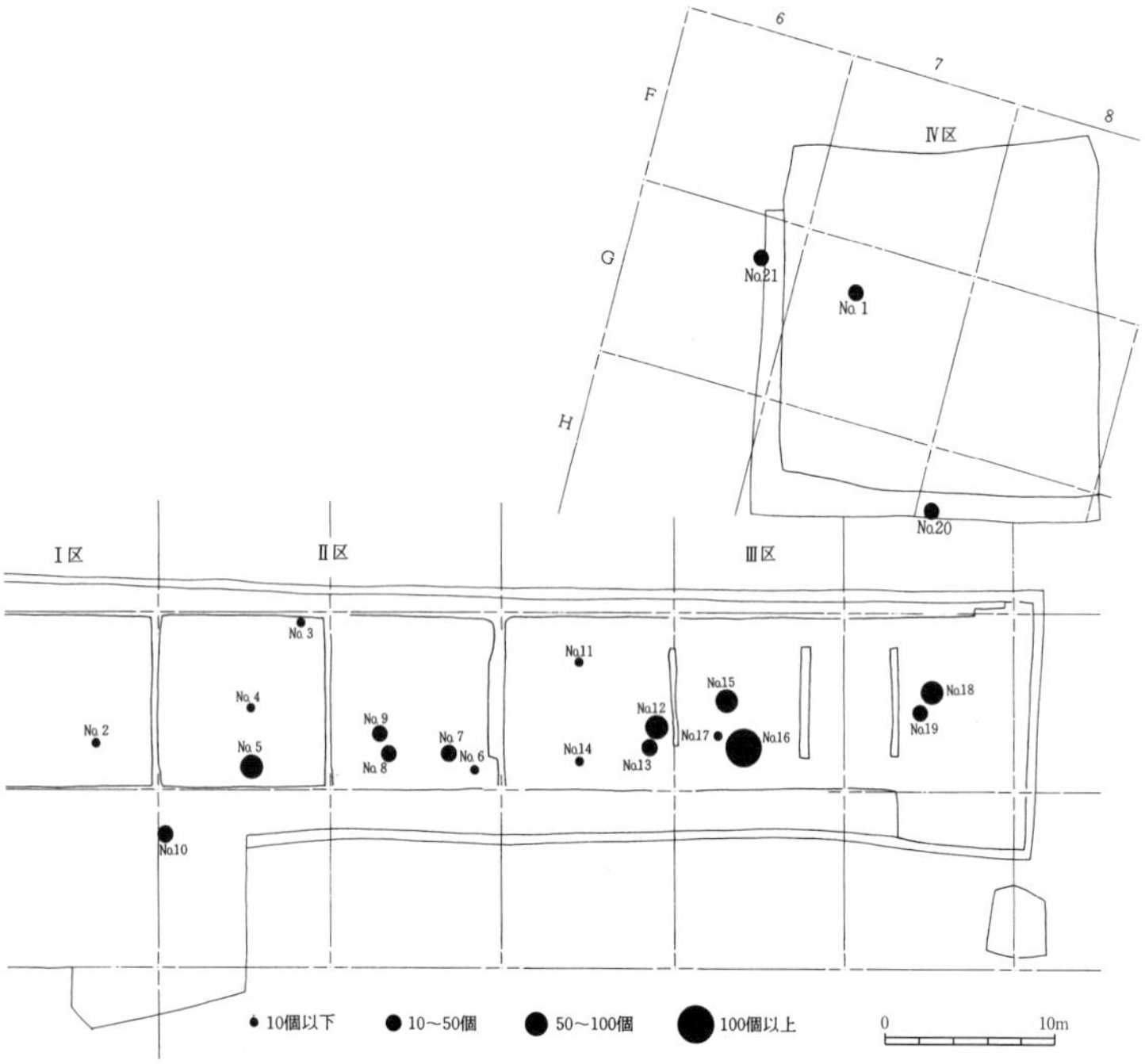

図33　フン出土地点全体図

ズ、組成から行われた。それによると、ある程度まとまった塊状で出土することから、粒状のフンを排泄する草食獣のもので、一塊は六〇～七〇粒程度と推定、形状・サイズを他のシカ類と比較するとニホンジカのフンとほぼ同レベルで、組成は試料間の変異が大きく木質繊維で二一・五～七〇・五％、針葉樹葉で四・〇～六〇・五％程度の幅があった。この結果から、フンを排泄した動物の推定がなされている。

当時、本州島にいた草食獣を対象にすると、ゾウ科、ウマ科、ウシ科、イノシシ科は粒状のフンをしないので除かれ、ウサギのフンは粒状であるが饅頭型なので除外、最終的には、ヘラジカ属、オオツノジカ属、シカ属の三属が検討されることになった。生息地とフンの組成からはヘラジカ属

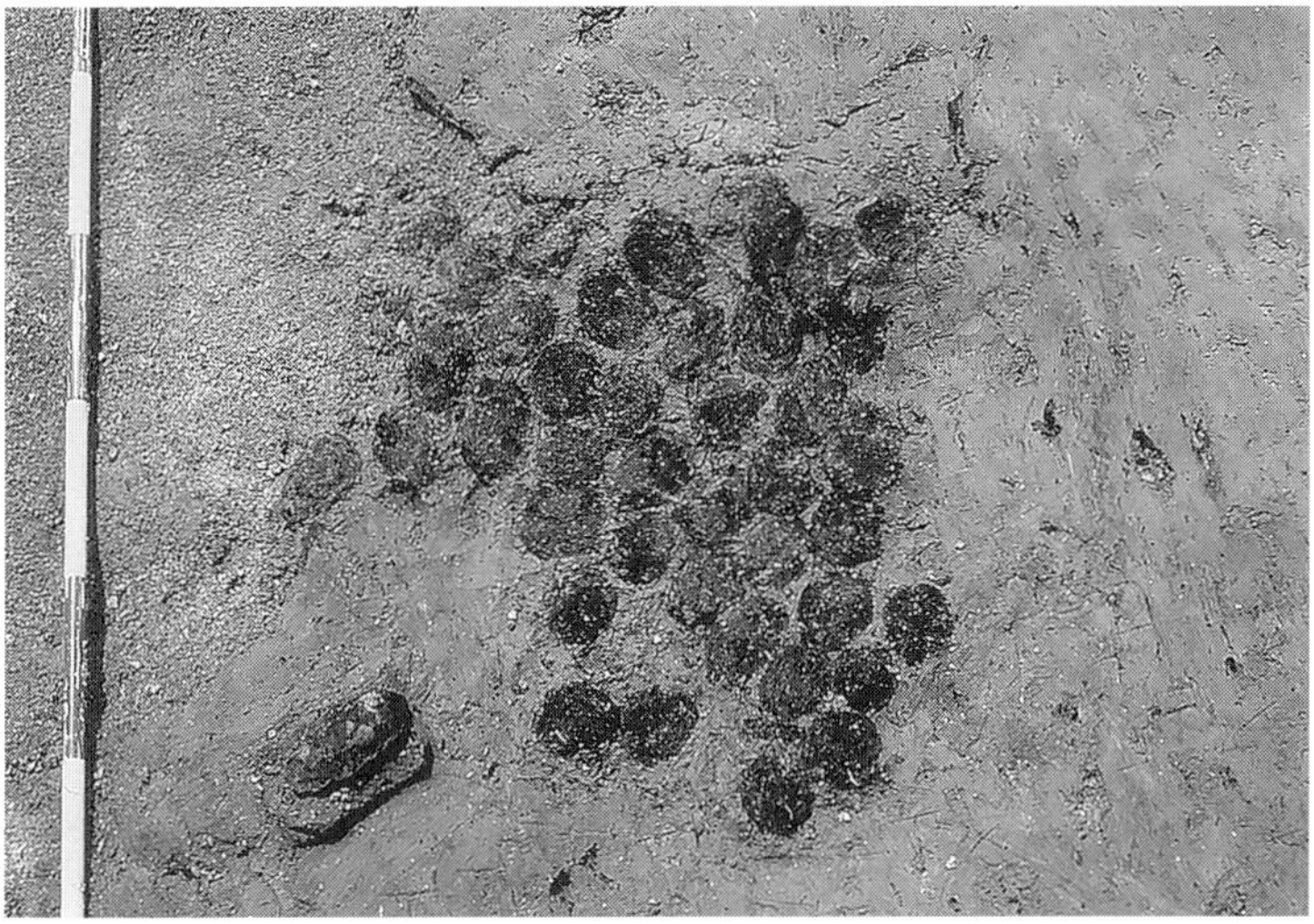

図34　フン出土状況（№５地点：53個）

かシカ属に絞られ、フンの大きさから、ニホンジカ程度のシカと推定された。

また、排泄の季節に関しては、フンの形状が植物の生育期の特徴（楕円の一方が尖るコロン状、あるいは不定形）を示さないこと、フンから食糞性の昆虫がまったく検出されなかったこと、フンが原型を保っていたことから、秋から冬と考えられた。加えて、フンの花粉分析から、ハシバミ属、カンバ属などを採食していたことが指摘され、それらの開花する晩冬から早春と、季節が絞り込まれている。

そして、分析はさらにつづき、糞塊の密度から、当時のシカの密度（D＝頭／平方《キロ》）を想定している。糞塊は、調査範囲を約一三〇〇平方《メートル》として二一地点で見つかったので、その密度は二一／一三〇〇平方《メートル》＝〇・〇一六／平方《メートル》で、シカの一日の排糞回数をf、排泄期間をt（日）とすると、D×f×t＝○・○一六×一○○○○○○（／平方キロ）という関係が成り立ち、fは分析者らが10であることを報告しているので、tを冬季の四カ月（一二○日）とすると、D＝一三・五頭／平方キロとなり、二万年前ということやさまざまな要因による見落としを考慮して、三○頭／平方キロと見積られている。

このシカ密度に関しては、狩猟が行われていない宮城県金華山島では五○頭／平方キロ、自然状態の岩手県北上山地の五葉山では積雪にともなうシカの季節移動が認められ、夏には一○頭／平方キロだが、冬には数十頭／平方キロ～一○○頭／平方キロにもなり、栃木県日光でも同様の季節移動が観察されていることから、二万年前の富沢の気候を考えると、シカは季節移動をしており、この場所を越冬地として積雪期に標高の高い場所から下降してきたシカたちが、現在の日光や五葉山のように数十頭／平方キロの密度を形成していた状況は十分ありうるとしている。

分析者によると、これはたいへん興味深い想定であるが、本来の検討結果は、出土したフンは、ニホンジカまたは近縁のシカ属の一種が、冬季または早春に針葉樹林内で越冬し、食物条件のきびしいなかで針葉樹などの木本植物を採食して樹木の根元などに排泄したと考えるのが最も自然である、としている。なお、別に行われたフンの組織化学分析（星野忠彦）では、植物細片よりなり、粘液と鉄が認められたことから、草食動物のフンとする結果も得られている。

（五）昆虫化石の同定・珪藻分析（森勇一・伊藤隆彦）

昆虫化石は、発掘調査で出土していた試料に加えて、Ⅲ区とⅣ区の間の基本層25層～27層のブロックサンプルから、ブロック割法によって検出した。このブロック割法というのは、サンプルを手で割って新鮮な面から昆虫化石を見つける方法で、この方が見つけやすいという、森勇一が考案したものである。昆虫化石は七四点である。地表性歩行虫であるゴミムシ科（一七点）の多産と、ルリバネナガハムシ（二点）をはじめとしたハムシ科一二点、キンスジコガネ（二点）・スジコガネ（一点）をはじめとしたコガネムシ科六点など、草本や樹木の葉を食害する食葉性昆虫の多産によって特徴づけられる。

ほかに湿地帯に生息するオオミズクサハムシ、シラハタミズクサハムシ各一点ずつ、および水生昆虫のヒメゲンゴロウ亜科六点を産した。27層のブロックサンプル一キロあたりの昆虫化石数は一・五個、26層では八・五個であった。

珪藻化石は、26層の六四資料より三七属一五一種、計一万一七〇四個体、25層の六〇資料より四五属二一五種、計九八五三個体を検出した。26層では、陸生珪藻が八〇%を超える地点が存在する一方で、陸生珪藻が一〇%未満の地点もみられ、旧石器時代の陸域と水域との違いをはじめとして、当時の微環境を推定するにあたって陸生珪藻と水生珪藻の出現比は重要な手がかりを与える。25層では、珪藻の種類は26層にくらべてはるかに多く、種組成も変化に富んでいる。海生起源の二次化石が合計で八・二%と比較的多く含有されることより、25b層をはじめ、25層全体が水流の影響下で堆積したものであることを示唆している。そして、26層で高率で出現した陸生珪藻は25層では一六・四%（平均）といちじるしく減少し、かわって水生珪藻が七三・三%（平均）認められ、26層と25層との間には大きな環境変化が存在したことが考えられた。

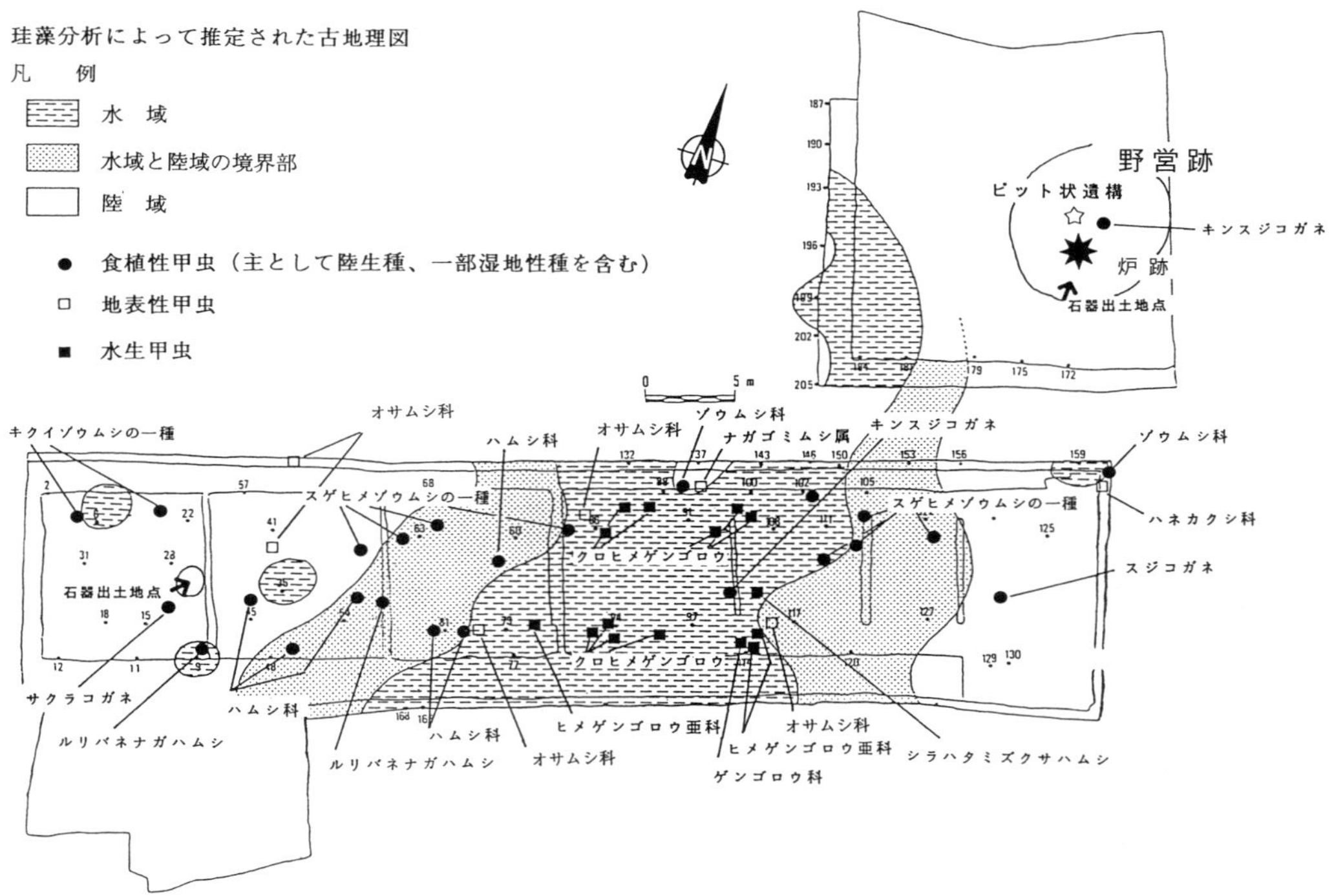

図35　珪藻化石から推定された古地理図と昆虫化石（森勇一2000論文より転載、一部改変）

26 - Cyperaceae（カヤツリグサ科）

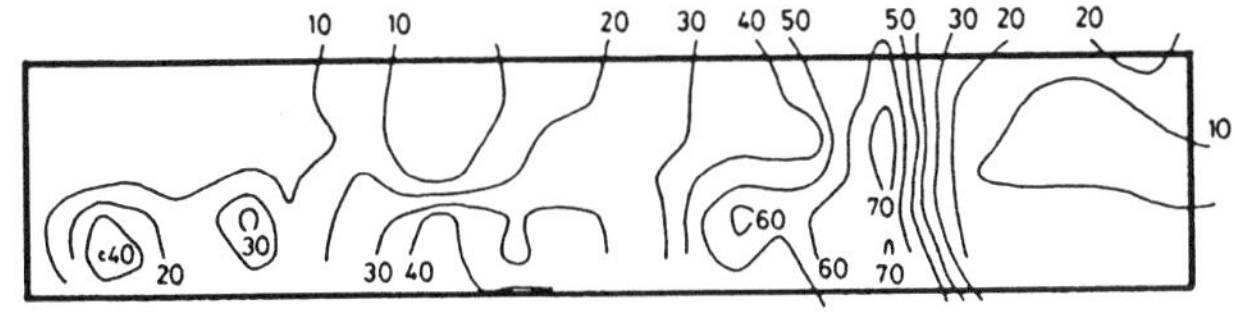

26 - Ericaceae（ツツジ科）

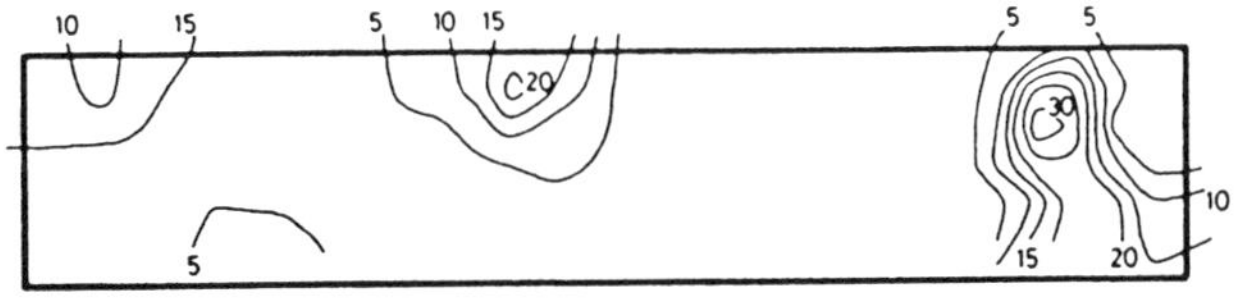

26 - Picea（トウヒ属）

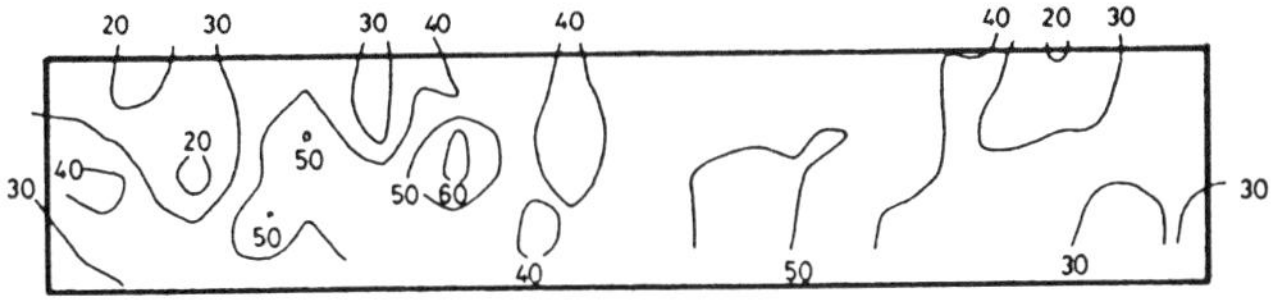

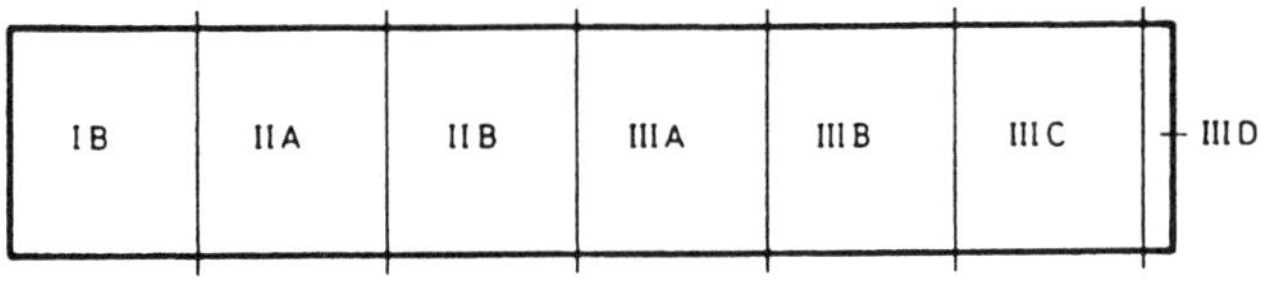

花粉地図（isopollen map）を描いた方形区

図36　花粉地図

当時の環境は、図35のように、26層における陸生珪藻および水生珪藻の出現率と標高との間に明瞭な相関関係が認められ、陸生珪藻五〇％以上の地点（陸域）と水生珪藻五〇％以上の地点（水域）をもとに一時期の様子を示した。そして、26層の昆虫化石出土地点を重ねてみると、ヒメゲンゴロウ亜科やゲンゴロウ科、シラハタミズクサハムシなどの水生ないし湿地性昆虫は水域の範囲内に、スジコガネ・キンスジコガネをはじめコガネムシ科、ハムシ科などは陸域の範囲内から発見されており、珪藻化石から推定された古地理図ともきわめてよく一致している。なかでも、キンスジコガネ、スジコガネは針葉樹を好む食葉性昆虫であり、当時の環境を反映している。25層では、陸生珪藻の出現率が標高の高低にかかわらず低率であり、水生珪藻がどの地点でも高率で出現することから、大きな環境の変化があったことが考えられる。

（六）花粉分析（守田益宗）

分析資料は、25層五八試料、26層四七試料、27層五六試料を平面的に採取し、各花粉の平面分布図（図36）を作成し、現地性と他地性の区別を行った。このほか、Ⅲ区北東壁面の基本層16層～28層から一一試料、Ｖ区南西壁面の基本層12層～29層から一五試料、25層で検出されたフン二一カ所のうち一〇カ所からそれぞれフン一個、計一〇個の試料を採取している。

分析は、花粉・胞子の形態が植物の種類によって異なるため、現生の植物の花粉・胞子との比較から、それを生産した植物を識別し、花粉・胞子の組み合わせから、植物群の構成や植生の復元が可能となり、当時の気候や環境が推定できる。この分析で検出された花粉・胞子の種類は、高木花粉二二種、低木花粉二六種、草本花粉四六種、シダ胞子九種、他五種である。

調査区内の環境変遷については、花粉が良好に残っていた26層の分析結果をみてみると、その堆積期間中、調査区内では周囲からの土砂流入はなく、比較的安定した堆積環境下にあり、カヤツリグサ科やツツジ科などの低木を林床とし、高木はトウヒ属を主としてカラマツ属やカバノキ属を若干交えた湿地林が継続して存在した。25層・27層では、周辺の丘陵や河川からの土砂供給が多い不安定な環境下にあり、湿地林の様子は明らかにできないが、25層ではカヤツリグサ科やセリ科、27層ではカヤツリグサ科、セリ科、キク科の多い植生の存在が推定され、遺跡周辺には、旧石器時代を通じて、沼沢地や草地が多く点在し、マツ属、モミ属、トウヒ属、ツガ属を主とし、カラマツ属、カバノキ属を交えた針葉樹林が広がっていた。

当時の気候について、守田益宗は、植生を復元するうえで、花粉では属までしかわからないため、25層〜27層で産出した木材化石や大型植物化石の同定結果から、主体を占めた花粉の種について、マツ属の種はチョウセンゴヨウ、トウヒ属の種はトミザワトウヒ（絶滅種）、コウシントウヒ（絶滅種）に近似するアカエゾマツ、カラマツ属の種はグイマツ、カバノキ属の種はシラカンバ、ツガ属はコメツガと想定したうえで、このうち、チョウセンゴヨウ、グイマツ、アカエゾマツについて、現在の地理分布を示し（図37）、各地の気象観測資料をもとに、吉良竜夫が考案した温量指数と年降水量から、これらの生育地の気象環境を求めている。

温量指数は、「暖かさの指数」ともいわれ、植物の分布に積算温度との密接な関係があることか

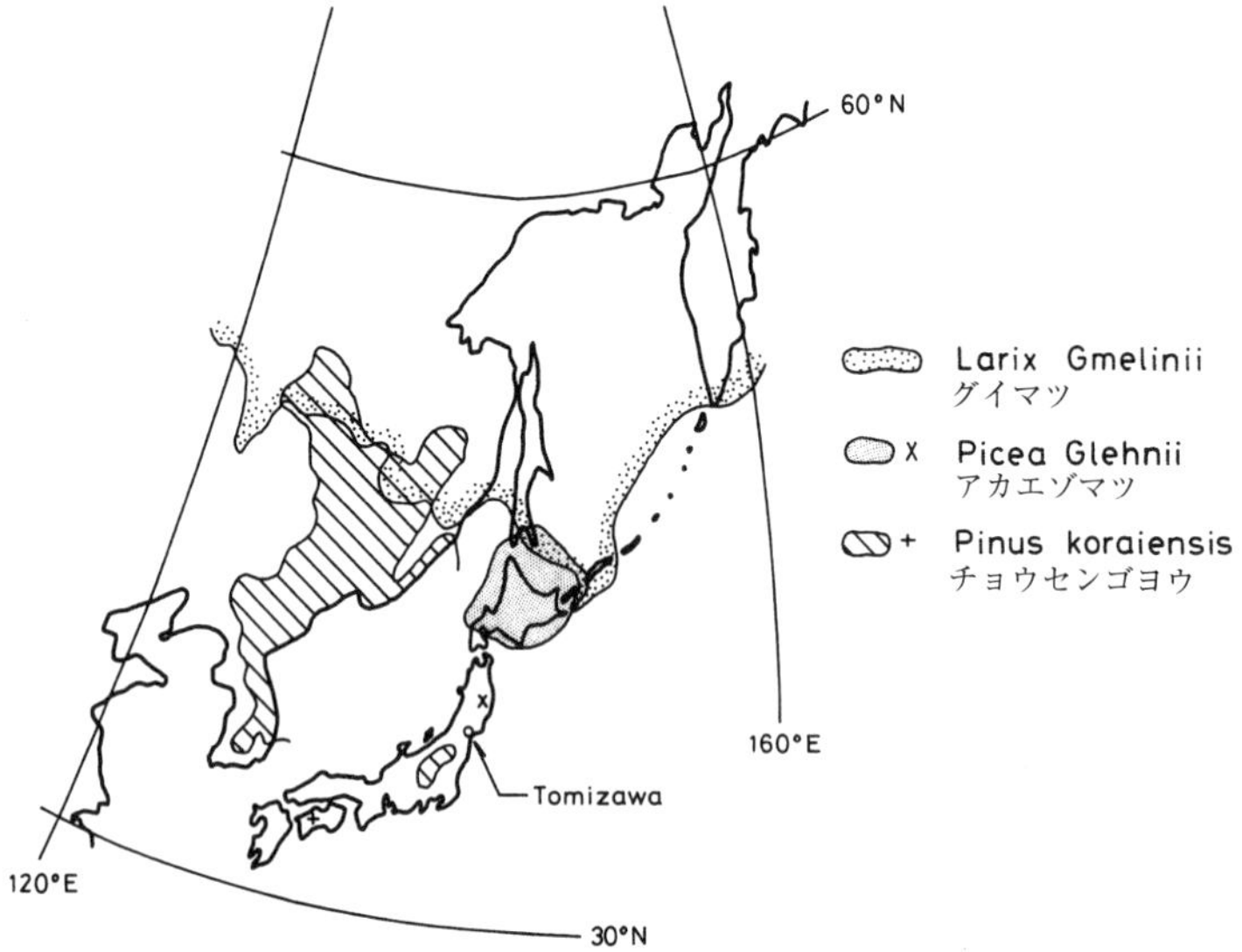

図37　チョウセンゴヨウ・アカエゾマツ・グイマツの現在の分布

ら、その温度限界を表した方法で、年間の月別平均気温のうち五度より高い分を加算した数値である。例としては、世界各地の森林限界は一五、現在の日本列島の平地では、屋久島の一八〇から根室の四五のなかにおさまり、札幌は六二・一、仙台は九五・五である。樹木との関係について降水量を含めてみると、チョウセンゴヨウは約一五〜七〇、大陸での年降水量は約五〇〇〜一一〇〇ミリ、グイマツは約五五以下、年降水量は約八〇〇ミリ以下、アカエゾマツは約一五〜七〇、年降水量は約八〇〇〜一五〇〇ミリとなる。

温帯性のハシバミ属が約五五でも生育することから、これらの植物が共存可能な気候環境を求めると、温量指数は約五五程度、年降水量は八〇〇ミリ程度であり、現在のウラジオストック付近の気候に相当し、地理的にどこが相当するのかの問題は別として、少なくとも当時の気候は、現在の仙

表5 放射性炭素14年代測定結果（非較正）

19層出土樹木（3点）	19,470＋470－410yrBP ～20,590＋600－560yrBP
25層出土樹木（1点）	21,760±490yrBP
26層出土樹木（6点）	19,500±560yrBP ～23,870±860yrBP
27層出土樹木・炭化材（4点）	19,430±400yrBP ～24,300＋ ,1400－1,190yrBP
30層出土樹木（2点）	23,270＋700－640yrBP ～23,610＋730－670yrBP

台にくらべ年較差が大きく、年平均気温にして七～八度程低温で、降水量の比較的少ない、大陸性の気候環境であったと推定している。

（七）放射性炭素14年代測定

第三〇次調査に関して、一六件の年代測定が行われた。いずれも一九八〇年代後半に測定されており、暦年代への較正は行われていない。それらを層ごとにまとめると表5になる。

これらの測定値から、本書で扱う25層～27層の年代に関しては、やや幅はあるが、およそ二万年前と考えられる。なお、第三〇次調査では、調査区の外で行われたボーリング調査で、姶良丹沢火山灰：ATが検出されており、その直下の泥炭層の年代は約二四〇〇〇～二七五〇〇yrBP、直上の泥炭層の年代は約二〇三〇〇～二四五七〇yrBPである。

（八）復元された自然環境とその変遷

さまざまな分析・同定から推定された植生と、基本層25層～27層の地形面の変化から調査区内の環境を復元すると、図38のように、27層が堆積して凹地ができてから、26層の堆積が進むにつれて安定した湿地林が成立していったと考えられる。この頃の凹地には砂の堆積はなく、花粉や珪藻の分析からも、地下水位が高く静かな堆積環境であったことが明らかにされており、それが湿地林の成立を促していった。つまり、26層のような腐植質の粘土層の存在は、凹地における堆積環境とともに安定した湿地林の存続と深くかかわっているのである。

図38　人類の活動と環境の変遷

復元された湿地林では、高木は針葉樹が主体を占めていた。その多くは常緑性のトミザワトウヒ（絶滅種）と落葉性のグイマツ（カラマツ属）で、それにモミ属が混じっていた。グイマツには根元の直径が七〇センチになるものもあるが、モミ属はいずれも小さかった。これらの樹木は、調査区一面に広がっていたが、一時期に生えていたのはその一部であり、数本あるいは一〇本程度が小さなまとまりをもって点在していたと考えられている。チョウセンゴヨウの種子も数十個出土しているが、調査区内に樹木はなく、周辺にあったと推定された。広葉樹は少なく、カバノキ属やハンノキ属がわずかにみられるにすぎない。低木では、ツツジ科やハシバミ属、草本ではカヤツリグサ科・キク科・カラマツソウ属などが多くみられた。

この湿地林の展開は、25c層の堆積が始まると、水位の上昇などによって徐々に衰退に向かうことになる。この25c層を詳しく調べると、厚さ一〜五ミリほどの非常に薄い腐植質の粘土層が何枚かみられることから、その変化は少しずつ進んだことがわかる。それに加えて、25b層の砂層の堆積は、生育環境の悪化をもたらした。25a層のときにも樹木はみられ、薄い腐植質の粘土層もみられるが、湿地林は回復せず、21層の堆積時にはなくなっていた。

湿地林の存続期間については、直径三〇センチのグイマツで三〇七年の年輪を数えるものがあるなど、一〇〇〇年くらいと思われる。放射性炭素14年代測定結果は、一・九万年前から二・四万年前の数値を示しており、やや幅はあるが、年代的には二万年前後の数値が多い。また、姶良丹沢火山灰の降った頃の層が、ここの基本層27層中かその直下に対応することからも、湿地林の年代は、二

図39　二万年前の富沢によく似た風景（北海道上川町浮島湿原）

万年前を前後する頃と推定される。

復元された湿地林から推定される当時の気候は、現在のサハリン南部から北海道北部に相当する（図39）。とくに、サハリンのアニワ（亜庭）湾北岸と東岸には、富沢によく似た湿地林のあることが報告されている。トミザワトウヒは絶滅しているが、それに最も近いトウヒ属のアカエゾマツを主とし、グイマツを交えている。ここはアカエゾマツの北限とグイマツの分布の縁辺が重なっている地域である。チョウセンゴヨウやモミ属、ハシバミ属がみられないことやツツジ科が多いという違いはあるが、属・科レベルでの低木・草本の共通性もある。

このように、第三〇次調査から、湿地林の成立には地形的に凹地の存在と静かな堆積環境が必要だったこと、その衰退には粘土の堆積とともに砂の堆積が大きく影響していたことが知られた。こうした環境の変遷のなかで、27層上面に、人類の活動の痕跡：野営跡が残されていたのである。

2　第三〇次調査の人類活動復元

(一) 野営跡の調査概要

Ⅳ区27層上面の地形面は、北方・東方に高く、南西方に低い。野営跡を示す遺構、遺物の検出されたⅣC区は、標高が六・九メートル～七・〇メートルと、やや高いところに位置している。

ここでは、図40に示すように、27層上面において、炭化物片集中箇所（炉跡）一カ所、ピット状遺構一基が検出され、石器一一一点が出土した。石器は、ピット状遺構から六点、基本層27層上面と、一部27層中から、計一〇五点出土しており、他に礫一点がある。石器の分布は、炭化物片集中箇所の東側を中心に、径約二・五メートルの半円状を呈している。また、27層からは、土壌水洗によってチップ（石器製作で生じる一センチ以下の微細な砕片）一三一点を検出している。

このⅣC区27層の調査は、前述のように、八月以降は遺跡の保存を前提として行われたため、その地形面をできるだけ損なわないように基本層27層は完掘していない。残存する27層の層厚は薄く、石器の多くはこの時点で取り上げられていたが、なお針による探査を行い、層中の石器を検出した。そのため、チップなど、より小さな石器については調査区に残されている可能性がある。

(二) 炭化物片集中箇所―炉跡

27層上面で、炭化物片の分布が検出されている。炭化物片の大きさは、五ミリ以下がほとんどであるが、なかには一センチ×二センチほどのものもみられる。これらの多くは、木材組織の残存する炭化材

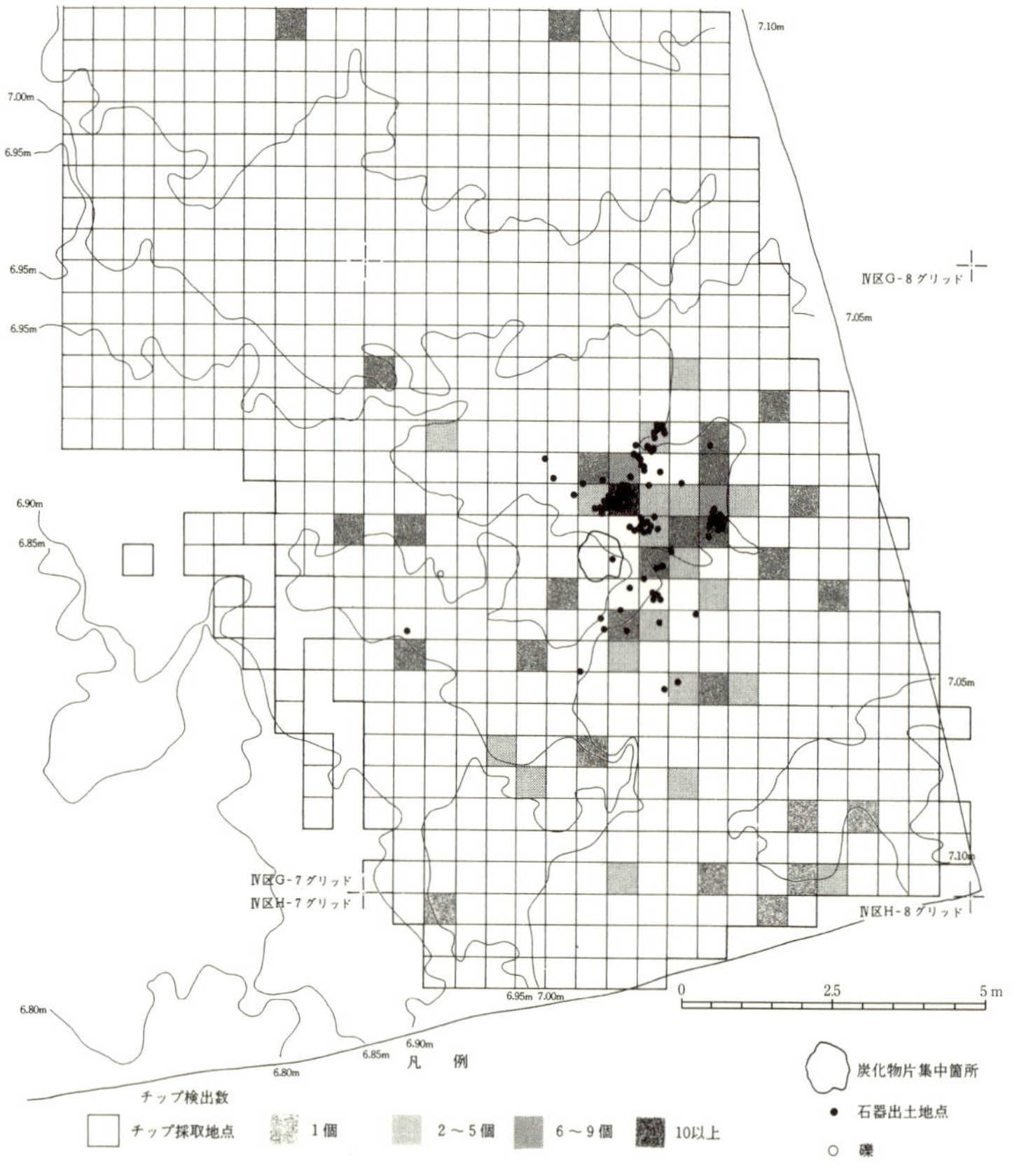

図40　野営跡の石器出土地点とチップの分布（上が北方向）

である。炭化物片の分布範囲は、一五〇チセン×一〇〇チセンほどである（図41の点線で囲った範囲）が、その中央部には八〇チセン×七〇チセンほどの不整円形を呈し、炭化物片の分布密度のきわめて高いところが認められる。この部分を炭化物片集中箇所とした（図41のスクリーントーン部分）。炭化物片の分布範囲において、27層上面での地表面の赤化などの層相の変化は認められない。

　断面の観察からは、炭化物片は27層にも含まれてい

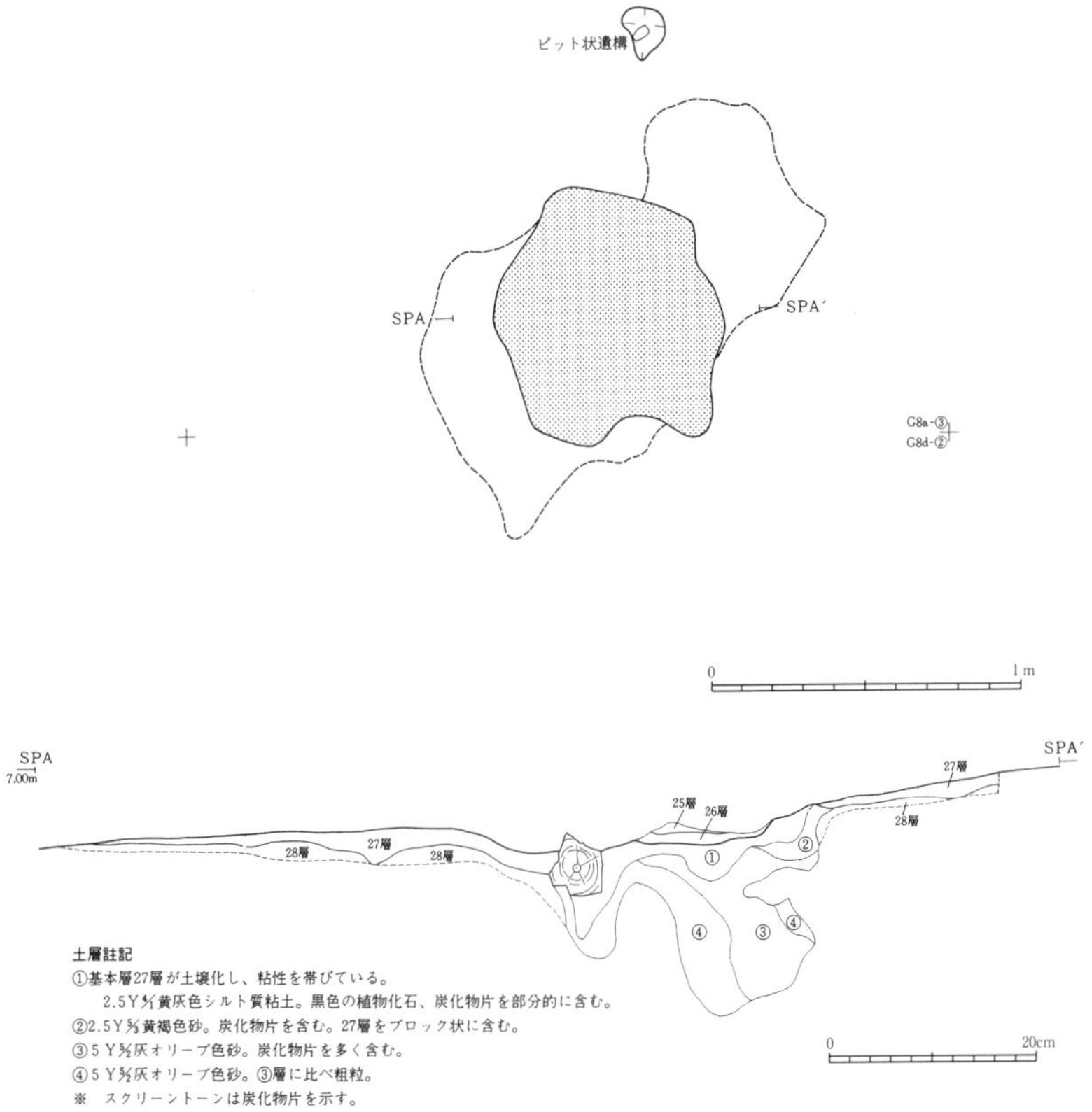

土層註記
①基本層27層が土壌化し、粘性を帯びている。
2.5Y4/1黄灰色シルト質粘土。黒色の植物化石、炭化物片を部分的に含む。
②2.5Y5/3黄褐色砂。炭化物片を含む。27層をブロック状に含む。
③5Y5/2灰オリーブ色砂。炭化物片を多く含む。
④5Y5/2灰オリーブ色砂。③層に比べ粗粒。
※　スクリーントーンは炭化物片を示す。

図41　炭化物片集中箇所（炉跡）平面図・断面図

ることが知られる。また、集中箇所には、樹木の稈入が認められる。この樹木は平根の一部と考えられ、表面は黒化しており、色調は黒色を呈するが光沢はなく、内部は生木の状態であり、炭化材とは異なる。樹木の稈入は直下の土壌の撹乱をともなっていることが断面図からも知られる。撹乱された層中にも炭化物片はみられるが、それほど多くはない。また、層中より出土した石器一点に焼けはじけの変化はない。

炭化物片集中箇所の性格は、①炭化物片の多くが、火を受けたことを示す炭化材であること、②集中箇所が八〇センチ×七〇センチほどの不整円形を呈するまとまりをもつことから、この場所において火を焚いた痕跡、すなわち炉跡と考えられる。この炉跡には、意図的に掘りくぼめた状況は認められず、土色の赤変もないことから、短期間、地面の上で直接火を焚いた「焚火跡」程度の痕跡と理解される。また、炭化物片の樹種はカラマツ属と同定されており、大型植物化石の同定結果をふまえると、グイマツと考えられる。

（三）ピット状遺構―謎の小さな穴

炉跡（炭化物片集中箇所）のすぐ北側に位置し、基本層出土石器の分布範囲内にある。図42に示すように、平面形は不整楕円形で、開口部の大きさは長軸長一七センチ、短軸長一四センチを測る。深さは一四センチである。底面はほぼ平坦で、平面形は隅丸の長方形状を呈する。長軸長七センチ、短軸長三・五センチを測る。底面から開口部へかけて、壁面は、南側、東側では弧状をなして立ち上がるが、西側、北側では、やや外側へオーバーハングしている部分もあり、北側の方がやや強い。堆積土は単層で灰オリーブ色（5Y5/2）シルト質粘土である。炭化物片（炭化材）をわずかに含む。

この層は、土質としては基本層27層に似ているが、27層にくらべてやや粘性が強く、しまりも少ない。また、他のいずれの基本層とも異なる。遺構の壁面には基本層27層（粘土質シルト）・28層（細砂）が、底面およびそのやや上には29層（粗砂）がみられるが、堆積土には砂粒の混入はほとんどない。このため、掘り上げた土がそのまま堆積土とはなっていない。また、基本層27層と26層との間に、この堆積土のような層はなく、自然堆積の可能性は低い。この堆積土の起源については、土質が基本層27層に類似すること、堆積土中

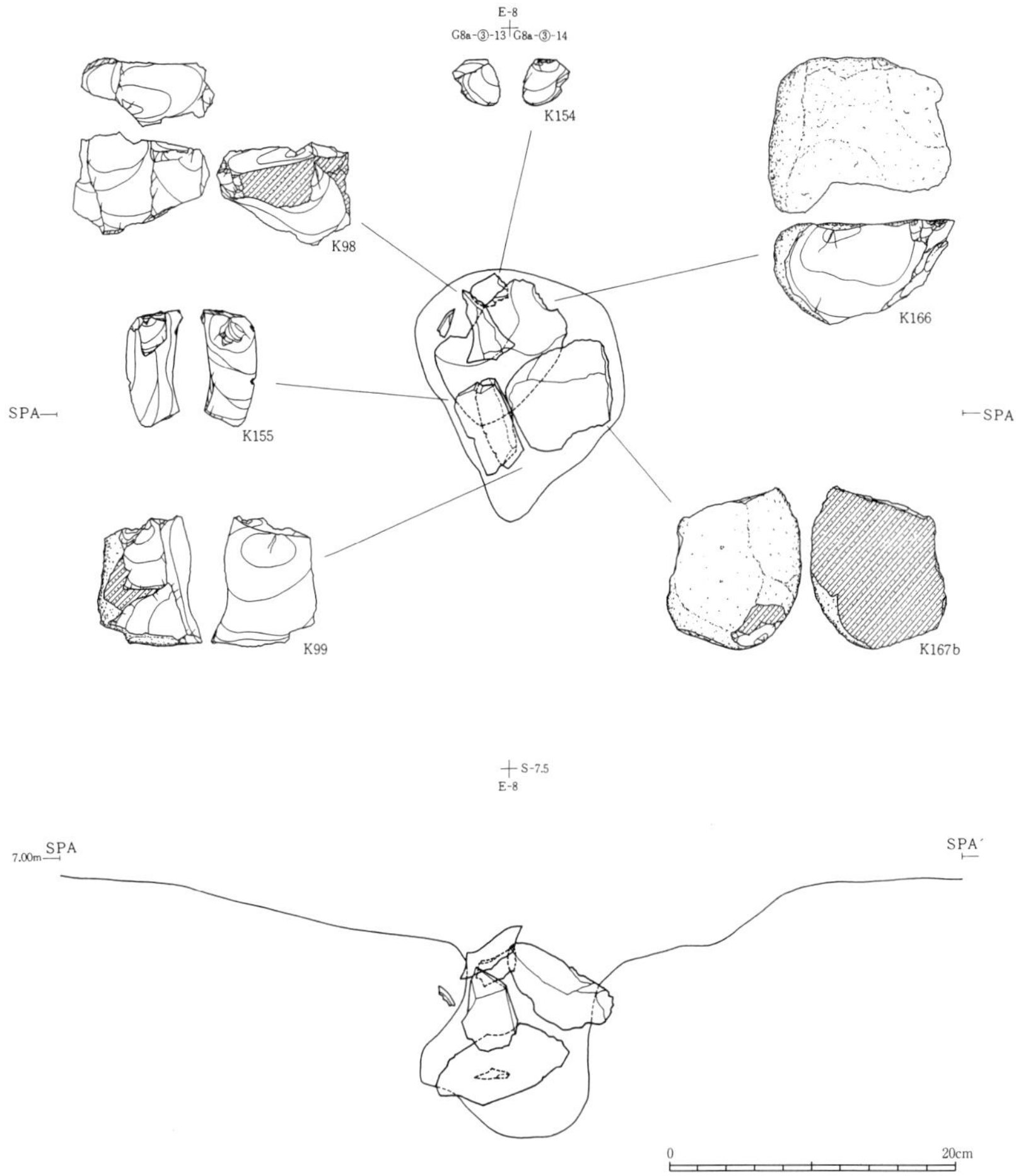

図42　ピット状遺構平面図・断面図

に炭化物片（炭化材）をわずかに含んでいることから、炭化物片の分布範囲のなかでも、集中箇所ではないところの基本層27層の可能性があり、人為的に埋めていることが考えられる。

なお、27層上面では、これと類似する落ち込みなどは認められていない。また、樹根の痕跡を示す落ち込みの平面形は放射状を呈したり、平根の痕跡を示すように細長いものもあり、基本層26層に類似する腐植層もみられ、黒化した樹木片も含まれているが、この遺構にはそれらが認められず、炭化物片集中箇所でみられたような樹木の稈入による土壌の撹乱とも異なっている。

このピット状遺構の堆積土中からは図42のように六点の石器が出土している。堆積土の上部からK99剥片、K155微細剥離痕のある剥片、K167bハンマーストーンの三点、K167bのすぐ下からK98剥片、それらの下、堆積土下部からK154剥片、そしてK154の下、底面からわずかに浮いた状態でK166石核が、それぞれ接するような状態で出土した。

(四) 石器の石材とチップの検出

石器の石材は、頁岩三種類、凝灰岩一種類、流紋岩一種類、安山岩一種類、計六種類に分けられる。これらのなかで、頁岩には母岩（一つの石）の識別を可能とする石器が多く、表6のように、接合関係や肉眼観察により、五つの母岩が識別されている。これは、石器の多数を黒色頁岩が占め、他の石器も特徴的な色調や石質を示すものが含まれていることによる。

チップの検出は、図40、図46に示すように、調査時に五〇センチ四方を単位として薄く削り取った基本層27層を、一ミリメッシュの篩にかけて水洗し、乾燥後に選別した。その結果、一三一点を検

表6　野営跡出土石器

石材	母岩	点数	接合資料	個体別資料	ナイフ形石器	二次加工剝片	微細剝離剝片	石核	剝片	ハンマーストーン	チップ
黒色頁岩	I	84 (2)	No. 1〜5を含む	ＩＡ＋ＩＢ（接1）（接2）		1		1	80（接3〜5）		103
凝灰質頁岩	II	8 (1)	No. 6を含む	IIA（IIA1＋IIA2）・IIB（接6）			1	3	4		28
珪質頁岩	III	1 (1)					1				
		11	No. 7・8を含む		1（接7）		1（接8）		7		
珪質細粒凝灰岩	IV	3	No. 9		1						
流紋岩	V	1 (1)		V				1			
安山岩		3 (1)	No. 10							1	
計		111 (6)	※（　）内はピット状遺構出土石器		2 (1.9%)	1 (1.0%)	3 (2.9%)	5 (4.9%)	91 (88.3%)	1 (1.0%)	131

表7　石材の採取と石器の内容

遺跡周辺での採取	比較的容易（近地石材）	むずかしい（遠地石材）
石材の種類	黒色頁岩　凝灰質頁岩　流紋岩　安山岩	珪質頁岩　珪質細粒凝灰岩（良質な石材）
石器出土数（103点）	92点（89.3%）	11点（10.7%）
個体別資料（７個体）	７個体（剝片剝離・石器製作を行う）	ナシ
ハンマーストーン（１点）	１点（接合資料10）	ナシ
接合資料（10資料）	７資料（接合資料１〜６、10）	３資料（接合資料７〜９）
定形石器（２点）	ナシ	ナイフ形石器２点（２点とも折れている⇒廃棄。１点は接合資料９）
整形加工剝片（２点）	ナシ	２点（接合資料８。刃部再生等の修理作業）

出した。チップの検出個数と石材との関係は、黒色頁岩の石器の点数と安山岩を除く他の石器の点数の比率（八四：二四＝三・五〇：一）が、「黒色」と「非黒色」のチップの比率（一〇三：二八＝三・六七：一）と近似しており、検出されたチップは両者の石器に帰属すると考えられる。

そして、「黒色」のチップの分布は黒色頁岩製の石器の分布とほぼ一致する傾向があることから、後述する個体別資料ⅠA・ⅠBとの間に密接な関係があり、炭化物片集中箇所の北東側で行われていたと考えられる黒色頁岩の剥片剥離作業、あるいは石器製作を含めた作業の結果、剥片・石核とともに、その場にそのまま残されたことを示していると理解される。また、「非黒色」のチップは、検出個数が少ないこともあり、特定の石材との関連性は認められない。

（五）採取の比較的容易な石材に見る人類活動

出土した一一一点の石器は、折れ面で接合したものを一点とすると一〇三点になる。その石器組成は表6に示すように、定形化した剥片石器の占める比率が一・九％と低く、ナイフ形石器の二点だけである。これに対し、石核、剥片はそれぞれ四・九％、八八・三％と全体の九三・二％を占めている。

表7のように、一〇三点の石器は、石材からみると、遺跡周辺で採取が比較的容易な四種類とむずかしい二種類に大別され、石器製作の活動内容も異なっている。ここでは最初に採取の容易な石材から人類の活動を考えていこう。

黒色頁岩（母岩別資料Ⅰ）

石質は緻密であるが、節理が多くみられ、珪化はあまり進んでおらず、石器の石材としては良質ではない。節理面のみられる石器が多い。色調は黒色で、自然面

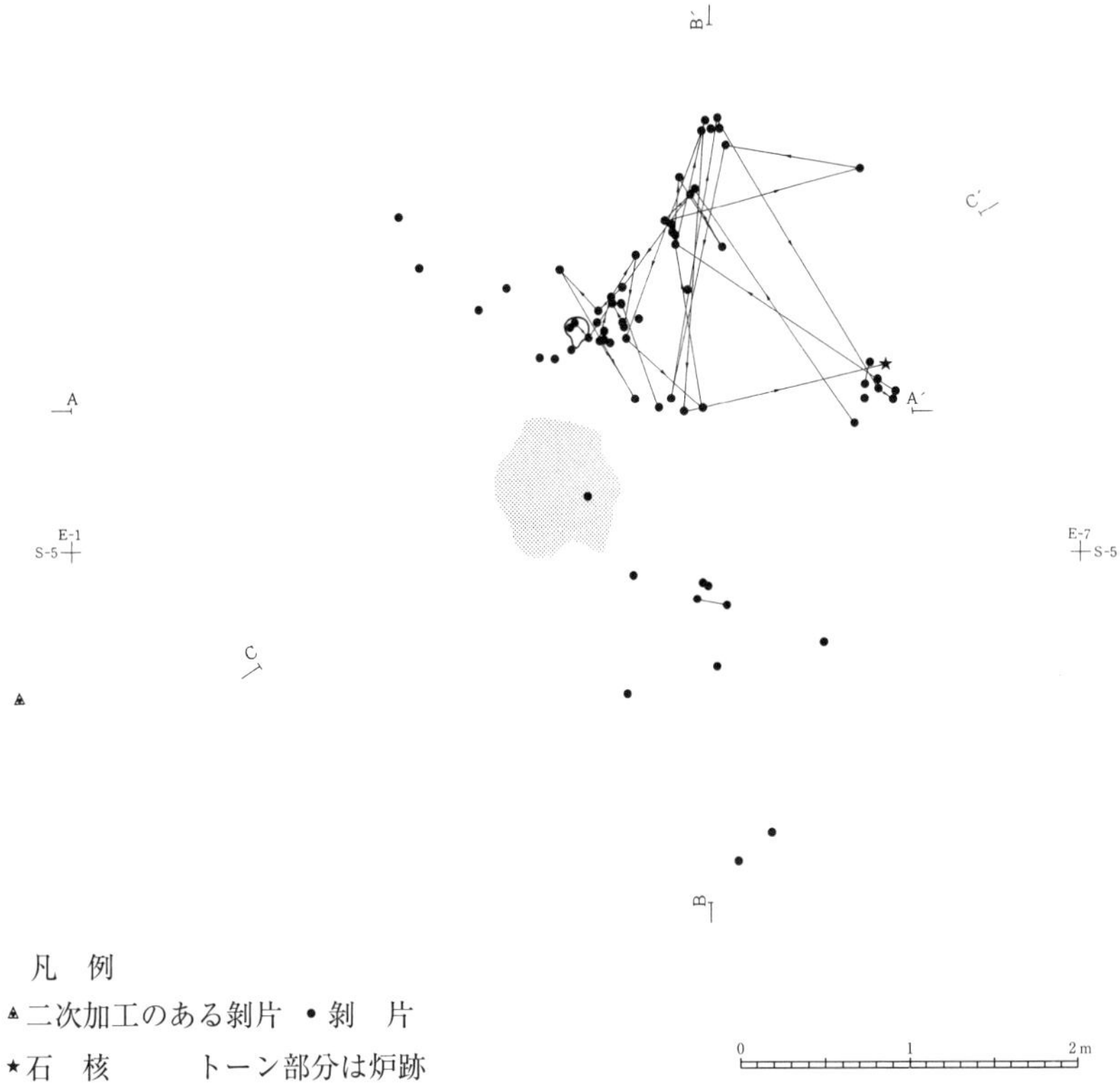

図43　母岩別資料Ⅰ黒色頁岩の石器平面分布図（上が北方向）

に近い部分は暗灰色を呈している。

この母岩に帰属する石器は八四点出土しており、石器全体の七六%を占める。石器の種類ごとの点数は、折れ面での接合関係が二つの石器にあるため、二次加工のある剥片一点、石核一点、剥片八〇点、総数八二点である。定形化した剥片石器は認められない。

石器の分布は、炉跡の北東側に集中する傾向がみられる（図43：直線は接合関係を示す）。黒色の頁岩として識別されたチップの分布は、石器の集中と同様の傾向をみせる。そこで

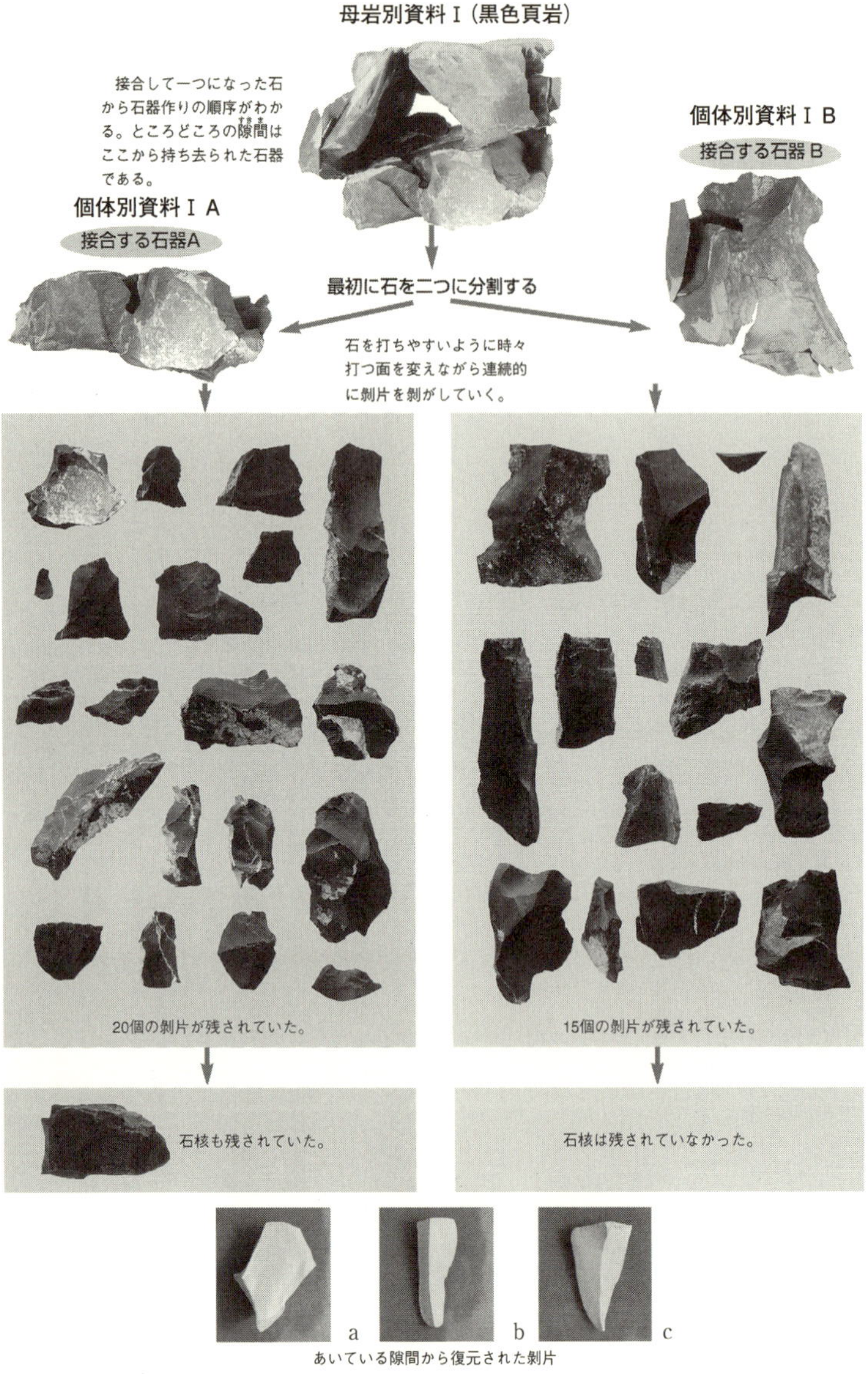
母岩別資料Ⅰ（黒色頁岩）
接合して一つになった石から石器作りの順序がわかる。ところどころの隙《すき》間《ま》はここから持ち去られた石器である。
個体別資料ⅠA
接合する石器A
個体別資料ⅠB
接合する石器B
最初に石を二つに分割する
石を打ちやすいように時々打つ面を変えながら連続的に剝片を剝がしていく。
20個の剝片が残されていた。
15個の剝片が残されていた。
石核も残されていた。
石核は残されていなかった。
a
b
c
あいている隙間から復元された剝片

図44　接合する石器からわかること

は、図44に示すように、分割してもち込まれた個体別資料ＩＡ・ＩＢの剝片剝離作業を行っている。この作業では、剝片を剝離しやすいように、打面を変えたり（打面転位）、打面を新たにつくり出したり（打面再生）しながら進められ、ＩＡでは一二工程（打面①〜⑫）、ＩＢでは九工程（打面①〜⑨）が確認されている。そのうち、個体別資料ＩＢでは、打面①から⑦の工程において、縦長の両設打面を設定し、打面再生を行いながら剝片剝離作業が進められ、その初期段階の打面②で頭部調整をともなう石刃の剝離が行われている。石刃の大きさは、幅二・〇〜三・五センチ、長さ四・〇〜一〇・〇センチである。

　そして、ＩＡ・ＩＢの石器をすべて接合するといくつも隙間が認められる。それらは石器に加工されたり、別の場所で使用するためにもち去られた石核と剝片であり、そのいくつかの型をとって復元した剝片が図44下の三点（ａ〜ｃ）である。そこには、剝片ｂのようなナイフ形石器の素材となる石刃が含まれていることがわかる。また、使用痕分析では、ＩＡの剝片一点（Ｋ63）、ＩＢの剝片二点（Ｋ87・Ｋ90）の計三点に微弱な使用痕光沢面が認められている。

凝灰質頁岩（母岩別資料Ⅱ）

　石質は緻密であるが、珪化はあまり進んでいない。色調は灰黄色で、自然面に近い部分は一部暗灰色を呈する。

　この母岩に帰属する石器は八点出土しており、石器全体の約七・二％を占める。石器の種類ごとの点数は、石核三点、微細剝離痕のある剝片一点、剝片四点である。定形化した剝片石器は認められない。

　石器の分布は、図45（直線は接合関係を示す）に示すように、炉跡を半円状に散漫に取り囲むような状況がみられ、集中する傾向はない。ピット

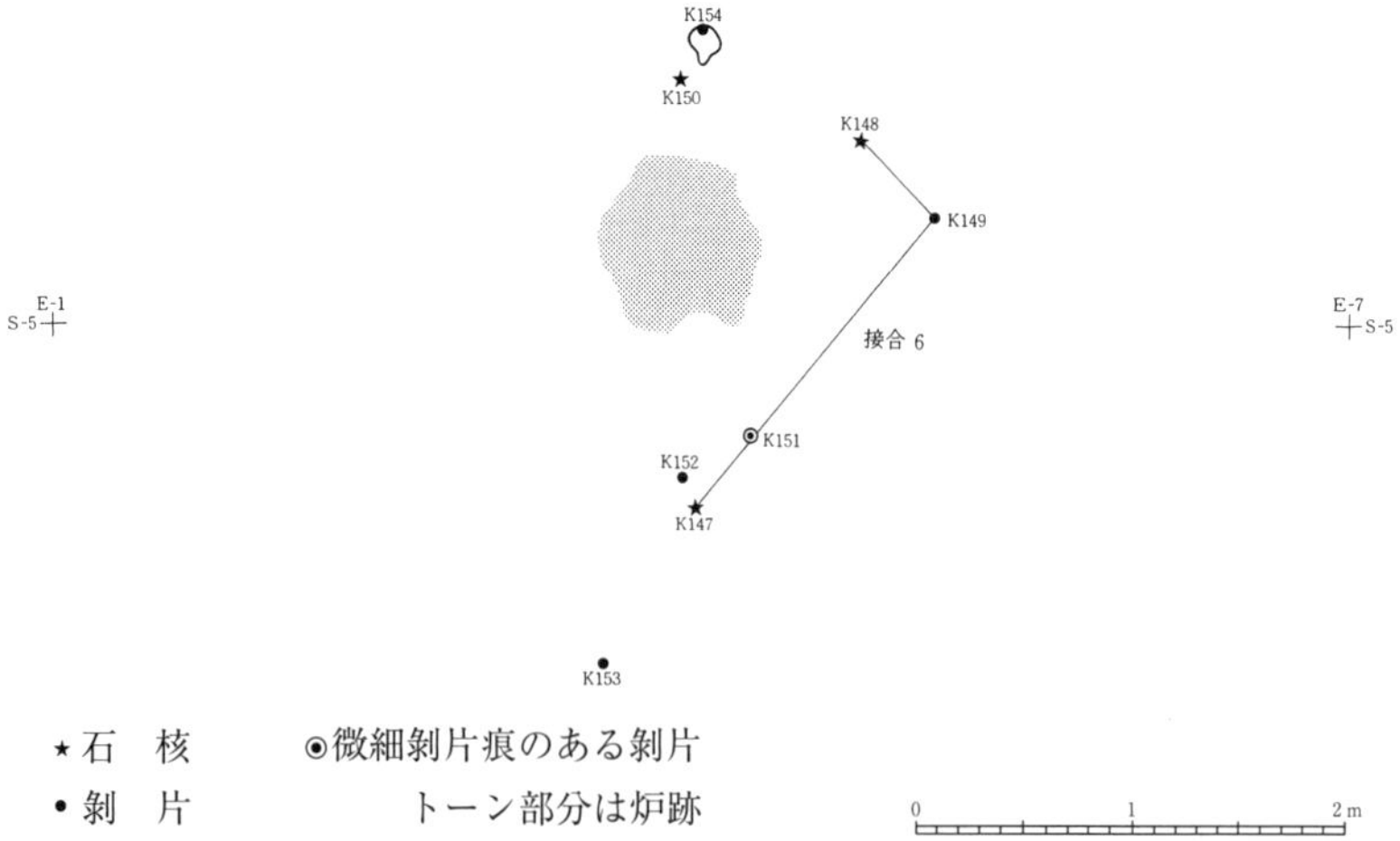

図45　母岩別資料Ⅱ珪質凝灰岩の石器平面分布図（上が北方向）

状遺構から一点（Ｋ154）出土している。個体別資料は四資料（ⅡＡ・ⅡA1・ⅡA2・ⅡＢ）が認められる。剥片を石核素材としたⅡA1・ⅡA2・ⅡＢは横長剥片を剥離している傾向がある。また、使用痕分析では、炉跡南東側から出土した微細剥離痕のある剥片一点（Ｋ151）、石核一点（Ｋ147）の計二点に皮あるいは肉のカッティングに機能したと推定される使用痕が認められている。石核は、他に炉跡北東側から二点（ⅡA2・ⅡＢ）出土しているが、使用痕は認められていない。

流紋岩（母岩別資料Ｖ）　石質は緻密で、やや珪化が進んでいる。石英を多む特徴がある。色調はうすい青紫色を呈する。この母岩に帰属する石器はＫ166の一点である。

　Ｋ166はピット状遺構から出土している。礫を素材とする石核で、個体別資料Ｖである。打面の転位は認められない。平坦な自然面を打面として打点を左右に移動させながら剥片五点（剥片1〜5）を剥離している。剥片はいずれも検出されていない。石核としてもち込まれたが、ここでの剥片の剥離は行われなかった可能性がある。

安山岩　石質は軟質で、節理がみられる。色調は灰色を呈する。

石器はK167の一点である。K167には敲打痕があることからハンマーストーン（敲石）と分類しているが、磨面も一部に認められる。また、K167は、三点が接合する（K167a・K167b・K167c）接合資料10である。その分布は、図46と図48のように、K167aが炉跡東側やや北寄り、K167bがピット状遺構、K167cがピット状遺構の近くから出土している。K167aは、割れた節理面に敲打痕があることから、三つに割れた後にも使われていたことが知られる。また、石器ではないが、炉跡の西方約二・五メートルの地点からは、安山岩の円礫が基本層27層から一点出土している。この円礫の大きさは、長さ一六・八センチ、幅一三・〇センチ、厚さ七・一センチ、重さは一九四八・〇グラムである。

炉跡北東側の活動　図46には、個体別資料ＩＡ・ＩＢに属する石器三六点の分布と、剥片がどの打面で剥離されたのかを示してある。他の接合しない黒色頁岩の剥片にも、ＩＡ・ＩＢに属する可能性はあるが、分布の範囲はそう大きくは変わらないと考えられる。三六点の石器は、二メートル四方の範囲に集中して出土しているが、小さな四つのまとまりに分かれており、これを点線で囲い、地点名を与え、加えて、五〇センチ四方で土壌の水洗選別を行ったラインも入れ、「黒色」を呈するチップの検出個数を示した。

この図からわかるのは、黒色頁岩の石器の分布と同じような分布を示すのが、Ｅ地点とＷ地点は他の二地点よりチップの検出数が多いこと、Ｅ地

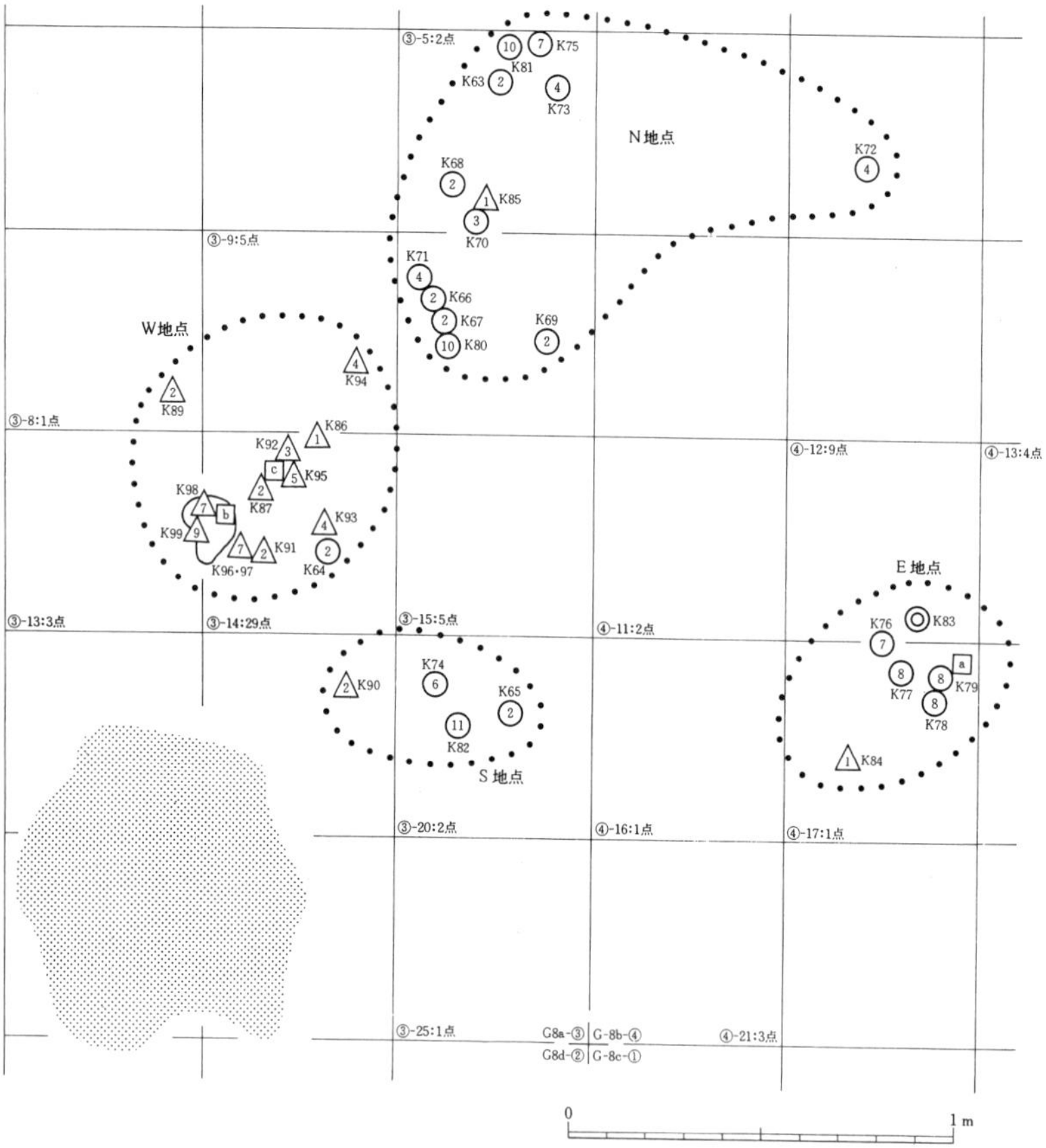

○ IA剝片　◎ IA石核　△ IB剝片
□ ハンマーストーン(K-167)

各剝片の数字は打面を示す。
アルファベットはK-167a・b・cを示す。
トーン部分は炉跡

図46　個体別資料ＩＡ・ＩＢとハンマーストーンの分布（上が北方向）

点、W地点、ピット状遺構からハンマーストーン（K167a・167b・167c）が三つに割れて出土していることである。これは、ハンマーストーンが、個体別資料ⅠA・ⅠBの剝片剝離に用いられたこと、四地点に囲まれた中央部にある一・〇〜一・五平方メートルの広さで石器が分布しないところが製作者のいた位置を示していると考えられる。

炉跡南東側の活動

　使用痕分析で、皮あるいは肉のカッティングに機能したと推定される剝片一点（K151）と石核一点（K147）、計二点が出土しており、炉跡を含めた調理にかかわる作業が行われていたと考えられる。二点とも母岩Ⅱの凝灰質頁岩製の石器であるが、他に見つかっている石核二点は、炉跡北東側から出土しており、使用痕は確認されていない。そのため、この石材の剝片剝離作業は、炉跡北東側で行われ、その石器を用いた作業が炉跡南東側で行われたと理解される。

（六）採取のむずかしい石材に見る人類活動

珪質頁岩

　石質は緻密で、珪化が進んでいる。色調は灰白色〜灰色を呈する。珪質頁岩と識別された石器は総数で一二点である。接合資料7・8を含む。個体別資料は認められない。

　微細剝離痕のある剝片（K155）がピット状遺構から出土している。この石器は、石材を他と容易に区別することができるため、母岩別資料Ⅲとした。使用痕分析では、明瞭な使用痕光沢面が認められ、かなり硬い皮あるいは肉のカッティング（切断）に機能したと推定されている。

　もう一つの微細剝離痕のある剝片（K156：接合資料7）が炉跡北東側から出土している。折れ面で三点が接合している（K156a・156b・156c）。

それらの分布は炉跡の東側やや南寄りの近接した位置にある。最も離れた二点間の距離は三五チセンほどである。片側の側縁に連続した微細剝離痕がみられる。微細剝離痕はここでの使用によって生じ、その過程で折れて、石器はそのまま残された可能性がある。

剝片二点（K158・K159：接合資料8）は、炉跡北東側から出土している。この小さな剝片の接合関係が示すのは、それらが、ここへもち込まれた石器の刃部の一部であったことである。その石器の種類はわからないが、剝片を素材とし、背面に連続した二次加工によってつくり出されていた刃部が、なんらかの理由でつくり直す必要が生じ、そのための作業として連続して剝離されたのが二点の剝片なのである。しかし、刃部を再生するにはより細かな加工を要するため、K158・K159は、刃部再生につながる整形加工で剝離された剝片と考えられる。つまり、石器の刃部を修理していたのである。

ナイフ形石器（K157：図47―1）は、色調は白色を呈し、背面（図47―1a）の両側縁から下部にかけて連続した平坦剝離による二次加工が施され、基部を整形している。上部を折れにより折損した基部加工のナイフ形石器と考えられる。素材剝片の打面は背面の二次加工のために失われているが、腹面の加撃方向と石器の長軸方向は斜行している。背面の二次加工に先行する剝離面は二面認められ、加撃方向は打面を上にした場合、右方向からと左やや上方からで、腹面の加撃方向とは異なり、求心的な剝片剝離が行われていた。

珪質細粒凝灰岩（母岩別資料Ⅳ）

石質は緻密で、珪化が進んでいる。色調は灰白色～灰色を呈する。この母岩に帰属する石器はK165の一点である。これを母岩別資料Ⅳとした。炉跡北東側か

1a　1b　2a　2b

1　K157（長さ2.7cm）　　2　K165（長さ3.6cm）

図47　ナイフ形石器

ら出土している。

　K165はナイフ形石器（図47―2）で、折れ面で三点が接合（K165a・165b・165c）し、一部折損している。背面（図47―2a）の右側縁と左側縁下部に連続した平坦剥離による二次加工が施されている。二側縁加工のナイフ形石器である。先端部には逆方向からの剥離痕があり、隣接する他の剥離面のいずれよりも新しい。この剥離は、先端部の鋭利さを損なうもので、整形加工とは異なり、衝撃剥離による可能性が考えられる。素材剥片の打面は残されており、腹面の加撃方向と石器の長軸はほぼ一致している。また、バルブの高まりはあまり認められず、腹面はほぼ平坦である。背面の剥離面は二面認められ、加撃方向は打面を上にした場合、二面とも上方からで、腹面の加撃方向とは同方向であり、石刃を素材にしている。

　この石器が残された理由は、折れによって機能が失われたためで、その要因には、先端部の再生作業における意図しない剝離による失敗があったのではないかと想定される。

炉跡北東側の活動　石器の分布に集中する傾向は認められず、ナイフ形石器二点（K157・K165）と剝片七点（K158〜K164）が出土している。その分布は、黒色頁岩の個体別資料ⅠA・ⅠBの分布と重なり、K157はE地点、K158〜K165はN・W地点から出土している。ここで行われていたのは、折れたナイフ形石器に代わる石器の製作、石器の刃部再生作業である。

なお、ピット状遺構から出土したK155微細剝離痕のある剝片は、使用痕分析で、皮あるいは肉のカッティングに機能したと推定されている。

炉跡南東側の活動　微細剝離痕のある剝片一点（K156）が出土している。使用によって折れた可能性がある。

（七）分節化された野営空間

遺構・遺物の同時性　炉跡、ピット状遺構の二つの遺構と、出土した石器は、一つのまとまりをもっている（図48）。検出層位は、石器に27層中から出土しているものもあるが、多くは27層上面であり、以下のように、遺構との共通性が相互に認められる。

まず、炉跡とピット状遺構の関係をみてみよう。ピット状遺構の堆積土に炉跡で確認された木材組織の残る炭が含まれていることから、両者の関連性を認めることができる。二つの遺構は近接した位置にあるが、炉跡を中心とする炭化物片の分布は、ピット状遺構のあるところまで広がっていない。そのため、ピット状遺構が埋まったのは、炉跡で火を焚いていたときか、その後と推定される。

次に炉跡と出土石器の関係をみてみると、石器

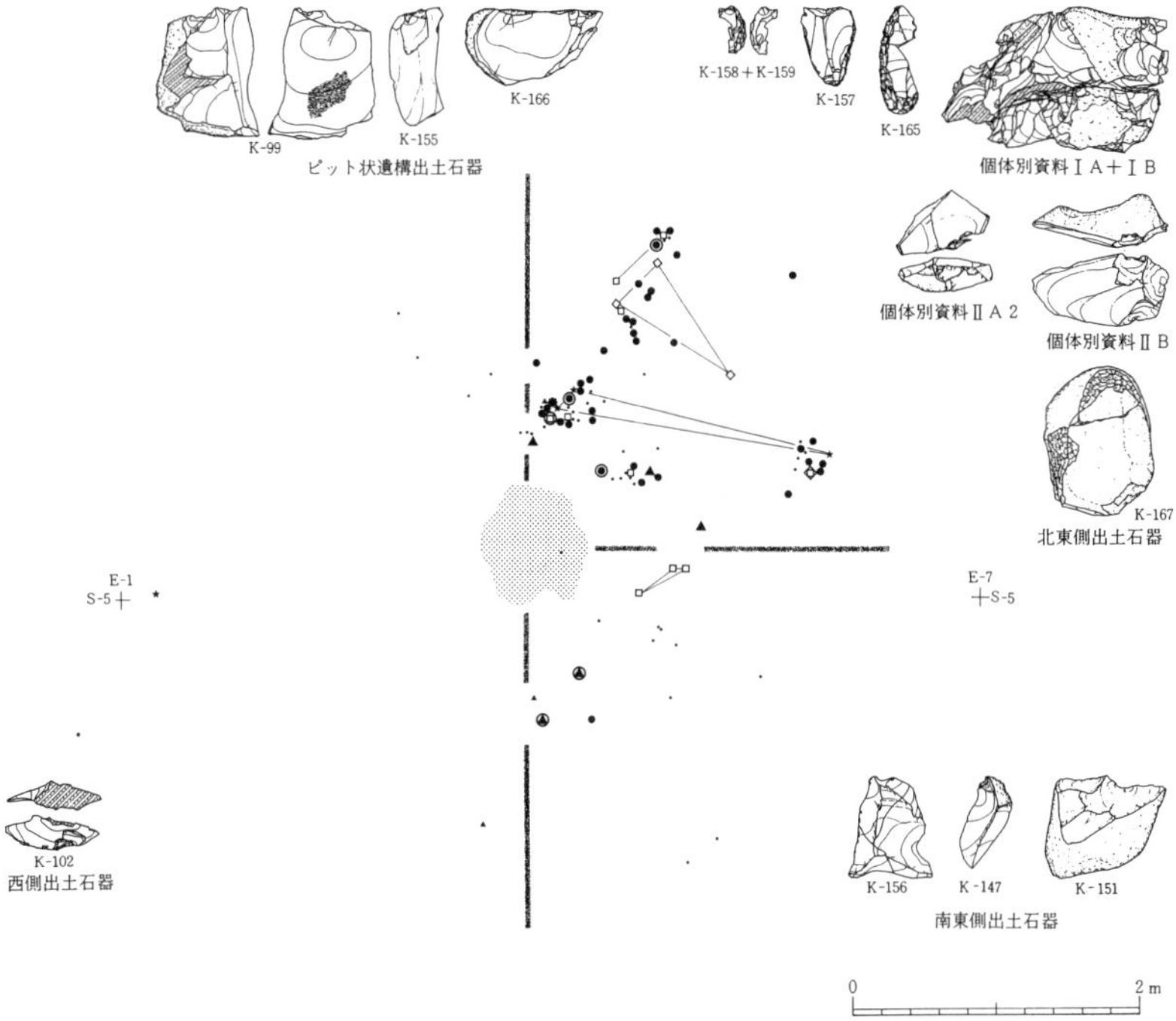

凡　例

富沢遺跡周辺での採取が比較的容易な石材

黒色頁岩（母岩別資料Ⅰ）
- ● 個体別資料ⅠA・ⅠBに属する石器
- ◉ 使用痕光沢が検出された石器（いずれも個体別資料ⅠA・ⅠBに属する）
- ・ 他の石器

凝灰質頁岩（母岩別資料Ⅱ）
- ▲ 個体別資料ⅡA 2・ⅡBに属する石器
- 使用痕光沢が検出された石器（K-147・151）
- ▴ 他の石器

流紋岩（母岩別資料Ⅴ）
- 個体別資料Ⅴ（K-166:ピット状遺構出土）

安山岩
- ハンマーストーン（K-167）
- ★ 礫

富沢遺跡周辺での採取がむずかしい石材

珪質頁岩
- 使用痕光沢が検出された石器（K-155：母岩別資料Ⅲ、ピット状遺構出土）
- ◇ ナイフ形石器（K-157）
- 微細剥離痕のある剥片（K-156）
- □—□ 接合資料8（K-158＋K-159）
- □ 他の石器

珪質細粒凝灰岩（母岩別資料Ⅳ）
- ナイフ形石器（K-165）

トーン部分は炉跡

図48　野営跡の石材と石器の分布（上が北方向）

は炉跡を中心として、ほとんどはその東側に半径約二・五メートルの半円状の範囲に分布していることから両者の関連性を認めることができる。この狭い空間においても、石器の分布と炭化物片集中箇所の範囲は重ならず、チップについても同様であることから、出土した石器から考えられる作業は、炉跡の位置を意識して行われたものと推定される。

　最後にピット状遺構と出土石器の関係であるが、ピット状遺構からは六点の石器が出土している。そのうちの四点には、基本層から出土した石器との間に、三点は接合関係、一点は同一母岩と識別される関係があることから、両者の関連性を認めることができる。接合関係のある石器のうち二点（K98・K99）は、個体別資料ⅠBに含まれ、K99は残された石器のなかでは最も新しい打面から剥離された剥片であることから、ピット状遺構が埋まったのは、少なくとも個体別資料ⅠBの剥片剥離作業の後である。

　これらのことから、検出された遺構と遺物には密接な関連性があることが知られ、炉跡のまわりでの石器にかかわる作業とピット状遺構との間に時間差があることは考えられるが、ここでの一連の活動の結果を示しており、同時性を認めることができる。

ピット状遺構の性格

　この遺構の性格については、石器との関係において、図42のように六点の石器がそれぞれ接するような状態で出土していること、人為的な堆積状況を示していることから、これらの石器をふたたび用いるために意図的に埋めておいたことも一つの可能性としては考えられる。しかし、定形化した剥片石器や、ナイフ形石器の素材となるような石刃も認められず、むしろ石器の素材となるような剝片は基本層出土石器のなかに多くあることから、その可能性は低く、他の要因を考える必要があろう。

その点では、以下の二つのことと関係している可能性がある。

第一点目であるが、K98、K99にみられる油脂状の付着物は、他の四点を含め、基本層から出土している石器にもみられず、ともに黒色頁岩の個体別資料ⅠBに含まれている。推定されることとしては、遺構のなかに石器とともに油脂状の付着物のもととなる物質が入っており、それとK98、K99が接していた可能性がある。しかし、二点の石器にはレベル差があり、油脂状の付着物は出土した状態ではともに下を向いた一つの面にだけあることから、この二点の石器にだけ接してそうしたものが入っていた可能性は低い。しかし、異なる状況で石器のほかに、そうしたものが入っていた可能性もあり、遺構の性格と関係していることも考えられる。

第二点目に、石材およびここで行われた作業との関係でみてみよう。この遺構の六点の石器には、五種類の石材が認められる。そのうち、K155の珪質頁岩（母岩Ⅲ）を除く四種類の石材は、遺跡周辺で比較的容易に採取できるものであり、基本層出土石器を含め、接合関係や母岩別資料をとおしてみると、ここで出土した一一一点の石器のうち、九六点を占めており、それらは炭化物片集中箇所の北東側で行われた剝片剝離作業と関係してここへもち込まれた石材すべてを含んでいる。

黒色頁岩：K98・K99（母岩Ⅰ：剝片剝離）
凝灰質頁岩：K166（母岩Ⅱ：剝片剝離）
流紋岩：K154（母岩Ⅴ：石核）
安山岩：K167b（ハンマーストーン）

このことは、ピット状遺構が個体別資料ⅠA・

ＩＢのＷ地点に位置していることもあり、石器製作との関連性が考えられる。また、一点だけ出土した流紋岩の石核も含まれていることは、石器製作の後に埋められた可能性を示していよう。

では、他の一点、珪質頁岩：Ｋ155についてはどうであろうか。Ｋ155は遺跡周辺での採取がむずかしい石材の石器のなかで、剝片を除き、唯一折損しない状態で残された石器である。炉跡南東側で出土した凝灰質頁岩の二点の石器（Ｋ147・Ｋ151）と同様、使用痕分析で皮あるいは肉のカッティングに機能したと推定されていることから、南東側での作業と関係していることも考えられる。

つまり、出土した石器から、五点は炉跡の北東側で行われた石器の製作・修理、一点は南東側で行われた皮あるいは肉を対象とした作業と関係しており、野営跡の分節化された空間の行動を反映している可能性が指摘される。また、この遺構の埋まった時期については、堆積土中の炭化物片の存在、流紋岩の石核の存在から、剝片剝離作業および炉の使用の後と考えられる。

（八）環境と人類の活動

当時の環境については、遺構・遺物はおもに27層上面で検出されており、調査区内ではシルト質粘土の供給が終了しており、南方へ開く凹地状の地形面が展開している。標高の低いところでは湿性な土地条件にあるが、湿地林はまだ形成されていない。しかし、炭化物片集中箇所の炭（炭化材）の樹種同定では、カラマツ属（グイマツ）との結果が得られており、周辺には25層、26層でみられるような湿地林が形成されていたと推定される。

遺構、遺物の検出された地点は、凹地の東側の縁辺部にあたる。この地点は、西方からの堆積物の供給の影響を受けにくく、比較的標高が高く、乾いた土地条件にあり、人類の居住には適するところといえる。しかし、この地点を含め、調査区は地形形成のうえでは小規模な扇状地間の接合部にあたり、潜在的に湿性な土地条件を備えていることから、堆積環境としては不安定で、長期的な居住には適していない。

ここを選地した人類は、炭化物片集中箇所：炉跡を中心として半径約二・五《メートル》の範囲に遺構、遺物を残している。この範囲の27層上面の標高は六・九〇《メートル》～七・〇〇《メートル》で、西方がわずかに低くなっている。

人類の活動については、図49に模式図で示した。ここでの活動は、おもに標高の高い炉跡の東側で行われており、それを挟んで前方に凹地状の地形面が展開するような配置をとっている。

炉跡の北東側では、石器にかかわる装備の更新が行われている。その作業は石器の製作と修理に分けられ、製作には遺跡周辺での採取が比較的容易な石材が用いられ、石核の整形加工を行った後にもち込まれている。また、修理された石器および出土した二点の折損したナイフ形石器の石材は、遺跡周辺では採取のむずかしいものであった。こうした作業を示す石器の分布は、二《メートル》四方と狭いが、その中央部には一・〇～一・五平方《メートル》の空白域があることから、製作者の位置を示していると考えられる。また、それを囲む四つの小さな石器のまとまりには、製作、修理にかかわる石器が共有されていること、個体別資料ⅠA・ⅠBには連続した工程が推定されることから、一人の製作者による一連の作業であった可能性もある。

炉跡南東側では、出土した石器の数は少ないが、使用のためと推定される折損して残された微細剝離痕のある剝片や、使用痕分析で皮あるいは

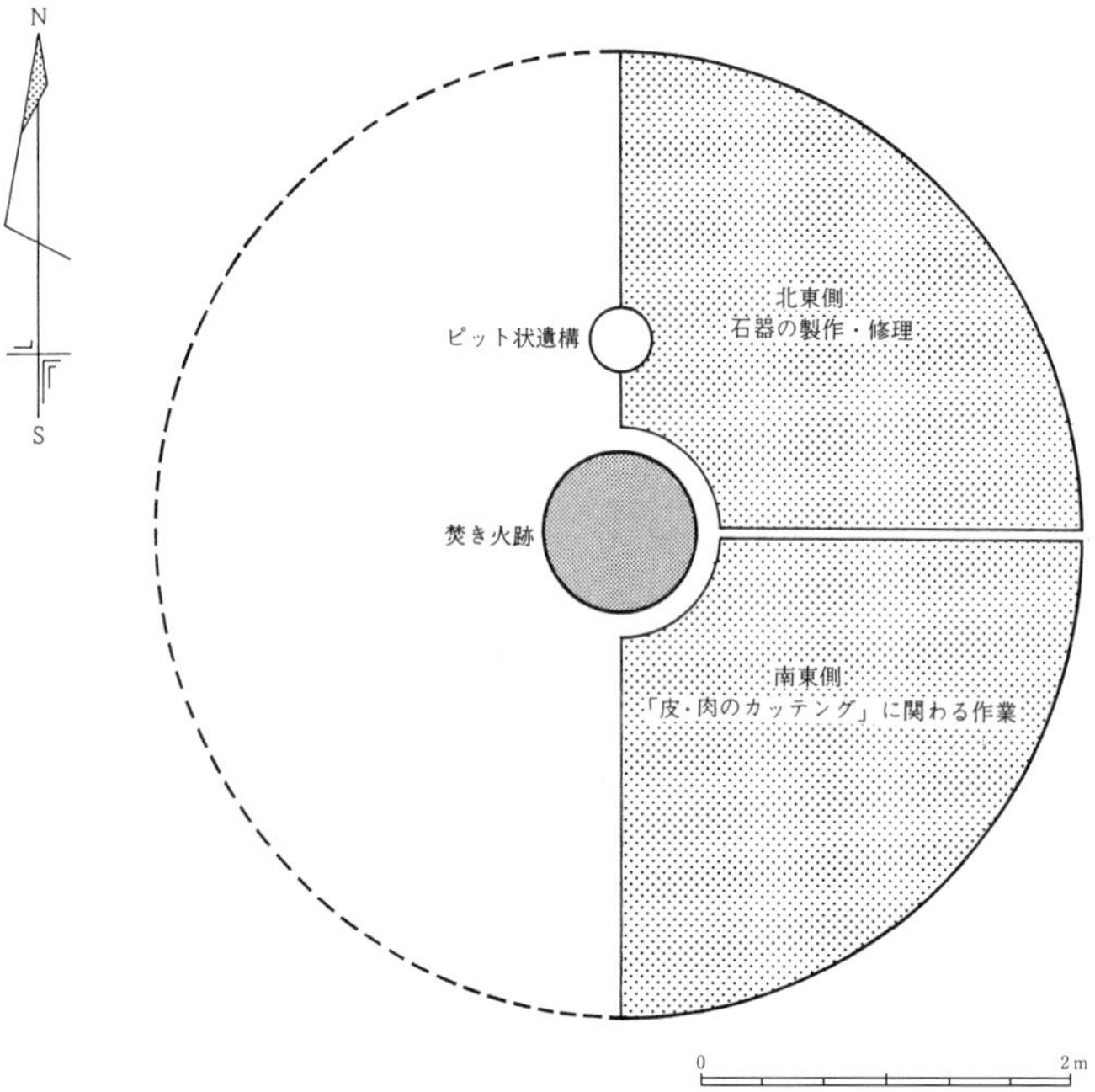

図49　野営跡における人類の活動範囲とその配置模式図

肉のカッティングに機能したと推定される石器二点の出土から、それにかかわる作業が行われていたと考えられる。この作業の内容については明確でないが、調理にかかわる可能性もある。

　二カ所の作業空間は、炉跡の位置を意識した配置関係にあり、それぞれの空間が二《メートル》四方ほどと狭いのにもかかわらず重複していない。これは、それぞれの作業が同時進行したとは考えにくいが、相互に作業空間が意識されていたことを示しており、場所をほとんど移動していないことは、短期間に、少なくとも二人の人間によって行われたものと考えられる。また、石器の分布が周辺に広がらないことは、ここにいた集団が少人数で構成されていたことを示していよう。

次に、二つの作業の終了と関連して、炉跡のすぐ北側に位置するピット状遺構には、六点の石器が埋められていた。これらの石器は、周囲から出土した石器と比較しても、人類がふたたびここへ来て使用するために選択されたとは考えにくく、回帰を予想することはむずかしい。一つの可能性としては、六点のうち、五点の石器は、炭化物片集中箇所の北東側で行われた石器にかかわる装備の更新のためにもち込まれた石材四種をすべて含んでいること、他の一点には、炉跡南東側で行われた作業と関連している可能性があることから、ここでの二つの作業と関係する行為とも理解されよう。

これらのことから、Ⅳ区27層上面に、遺構、遺物を残した人類は、二〜三人の少人数で構成される狩猟集団と推定され、その活動の途中で生じた装備の欠損を補うため、富沢遺跡の周辺で石材を採取し、石核の整形加工を行った後、一時的な野営地としてここを選地し、皮・肉を対象とした作業とともに石器の製作、修理によって装備を更新し、狩猟活動をつづけるため、移動していったと考えられる。

3　第三〇次調査の成果―復元画A

復元画Aは、富沢遺跡第三〇次調査で推定された二万年前の自然環境と人類活動を、その頃、建設計画が進んでいた地底の森ミュージアムの展示や市民への普及活動に活かしていくことを目的として製作された（巻頭図版2）。

復元画Aは、前述のように、細野修一氏によって描かれた。その作業は、下絵の製作から始まり、人物や背景の細部について、修正作業が何度も行われ、細野氏の発想やいろいろな資料をもとに相互に意見を交換しながら進められていった。

復元画の背景については、細野氏が直接仙台で、構図にあわせたスケッチを行い、それをもとにしている。着彩は、植生復元検討会に細野氏を招き、鈴木敬治、鈴木三男、守田益宗よりそれぞれ意見が出され、当時の季節感を含めて検討が行われ、下絵の細部の修正も行われた。

復元画Aは、こうして完成し、一九九二（平成四）年に、『富沢遺跡第三〇次発掘調査報告書第二分冊旧石器時代編』で公表された。

（一）場面の設定と製作

ⅣC区27層上面で検出された野営跡における人類の活動を主題として、調査区のⅣC区東端に立った東からの視点で、西方の丘陵を背景とする。構図としては、手前に人類を配置する。後方の凹地中央は湿地になっている。周辺には湿地林もみられる。遠くに見える奥羽山脈にはまだ雪が残る季節。夕暮れが近い。

野営地としてここを選地した人類の活動については、前述のように、炉跡の北東側で装備の更新、南東側で調理にかかわる作業が行われていたと考えられる。こうした炉跡を半円状に取り囲んでいることを示す空間配置モデルは、民族考古学で試みられており、その好例としては、ルイス・ビンフォードによってモデル化されている北米のヌナミウトエスキモーのマスク遺跡がよく知られている。それにもとづけば、ここでの人類の活動は、東風が吹いていたために、野外の炉を風上側に半円状に囲んで行われていたことになる。しかし、ときおり風向きは変わり、石器製作に影響を与えていた可能性もある。また、ここの地面は平坦ではなく、東側がやや高くなっていることも、作業空間の配置と関係していたと考えられる。人

①　黒色頁岩の剝片剝離作業をしている人物
②　鹿の角（ソフト・ハンマー）
③　黒色頁岩製のナイフ形石器を槍先に装着している人物
④　動物の皮のマント
⑤　狩猟のための装備を入れた皮の袋
⑥　ナイフ形石器を装着した槍
⑦　石器製作用の道具を入れた皮の袋
⑧　凝灰質頁岩の石器で小動物の解体をしている人物
⑨　動物の皮の帽子
⑩　焚き火
⑪　装備してきた干し肉
⑫　風は東から吹いており、煙は西方へたなびいている
⑬　凹地の中央部は湿地となっている
⑭　トミザワトウヒ
⑮　グイマツ
⑯　太白山
⑰　奥羽山脈

図50　復元画Aの説明

類の人相や背格好、服装、炉を使った食事の準備の様子については推測の域を出ない。

　集団の人数は、少人数の狩猟集団を意識して人物は成人男性三人とした。炉跡の大きさや、人物の配置は調査事実から推定している。人物個々人の作業やその表情、服装についてそれぞれさまざまな下絵が描かれた。服装については、動物の皮に穴を空け、皮紐のようなものでつなぎ合わせた服を着ており、足も動物の皮で覆う工夫をしている。

　右側の二人のうち、手前の人物は黒色頁岩の剝片剝離作業を行っており、後方の人物は黒色頁岩製のナイフ形石器を槍先に装着している。左側の人物は食事の準備をしているのか、小動物の解体を行っており、炉跡のまわりでは装備してきた干し肉が火に炙られている。また、周囲には狩猟活動にともなう装備を入れた皮袋が置かれている。背景には、右後方に太白山、左後方に遠く奥羽山脈がのぞまれる（図50）。

（二）描かれた旧石器人

この復元画が公表された一九九二（平成四）年、寄せられた感想で多かったのは、現代人と変わらないような衣服を身に付けている二万年前の旧石器人へのある種の抵抗感であった。

しかし、そうした先入観は、その後の調査研究成果や、二〇〇〇（平成十二）年の新人を特徴づける「現代人的行動」の提唱によって徐々に払拭されてきたように思う。後述するように、その頃の人類がすでに獲得していた持久走能力と体温調節能力は、狩猟における追跡行動に効力を発揮しただけでなく、人類の活動範囲を飛躍的に拡大することにつながった。とくに、体温調節能力は、寒冷地への進出や活動において、衣類の発達を促し、さまざまな環境に適応し、後期旧石器時代初頭には北極圏へ進出している。

シベリアで出土するマリタ遺跡やブレチ遺跡のビーナス像には、動物あるいは魚類の皮でつくられた衣類を表現したと考えられるものがある。また、スンギール遺跡の二人の子供の墓では、体から足先までマンモス牙製ビーズが衣服やブーツに縫い付けられたような状態で見つかっており、縫製に用いたと推定される骨製の針の出土もそれを裏づける。骨針は、日本列島では、まだ出土していないが、アフリカの中期石器時代以降認められ、三万年前〜二万年前には、ヨーロッパからシベリアにかけて、ウクライナのコスチョンキやロシアのデニソワ洞窟、そして中国大陸でも周口店山頂洞や小孤山仙人洞で出土している。こうした技術は、復元画に描かれた旧石器人の衣服、ブーツの製作が十分に可能だったことをうかがわせるのである。

4 周辺地区の調査の成果—復元画B

第三〇次調査区は、保存が決定され、敷地を含めて地底の森ミュージアムの整備が進められたが、その周辺は旧石器時代までの調査が比較的多く行われて理解が深まったことから、この地区を対象としてより広く景観を推定した復元画Bが描かれた（巻頭図版3）。この復元画Bは、一九九九（平成十一）年に、『仙台市史通史編一原始』で公表された。

（一）自然環境

図51と図52には、この地区の調査地点と、柱状図によって地層の重なり方の関係を東西・南北方向に示した。東西方向でみるとわかるように、第三〇次調査地点の凹地の東方に、湿地林の成立に先行する別の凹地のあることがわかる。つまり、第三〇次調査地点西部に底面が標高六・四五〜七・一五メートルの凹地があり、その東方のA2地点・第五八次調査地点にそれより低い標高五メートルを底面とする凹地がある。この凹地は、南北方向でみると、第四三次調査地点から第一次調査地点№19地点にかけて腐植質の粘土層がみられる。そして、三地点で腐植質の粘土層の堆積以前に姶良丹沢火山灰が認められる。

こうしたことから、この凹地は、東西一〇〇メートル以上、南北三〇〇メートルの規模で、第五八次調査地点の柱状図のように湿地林の盛衰を示す腐植層が

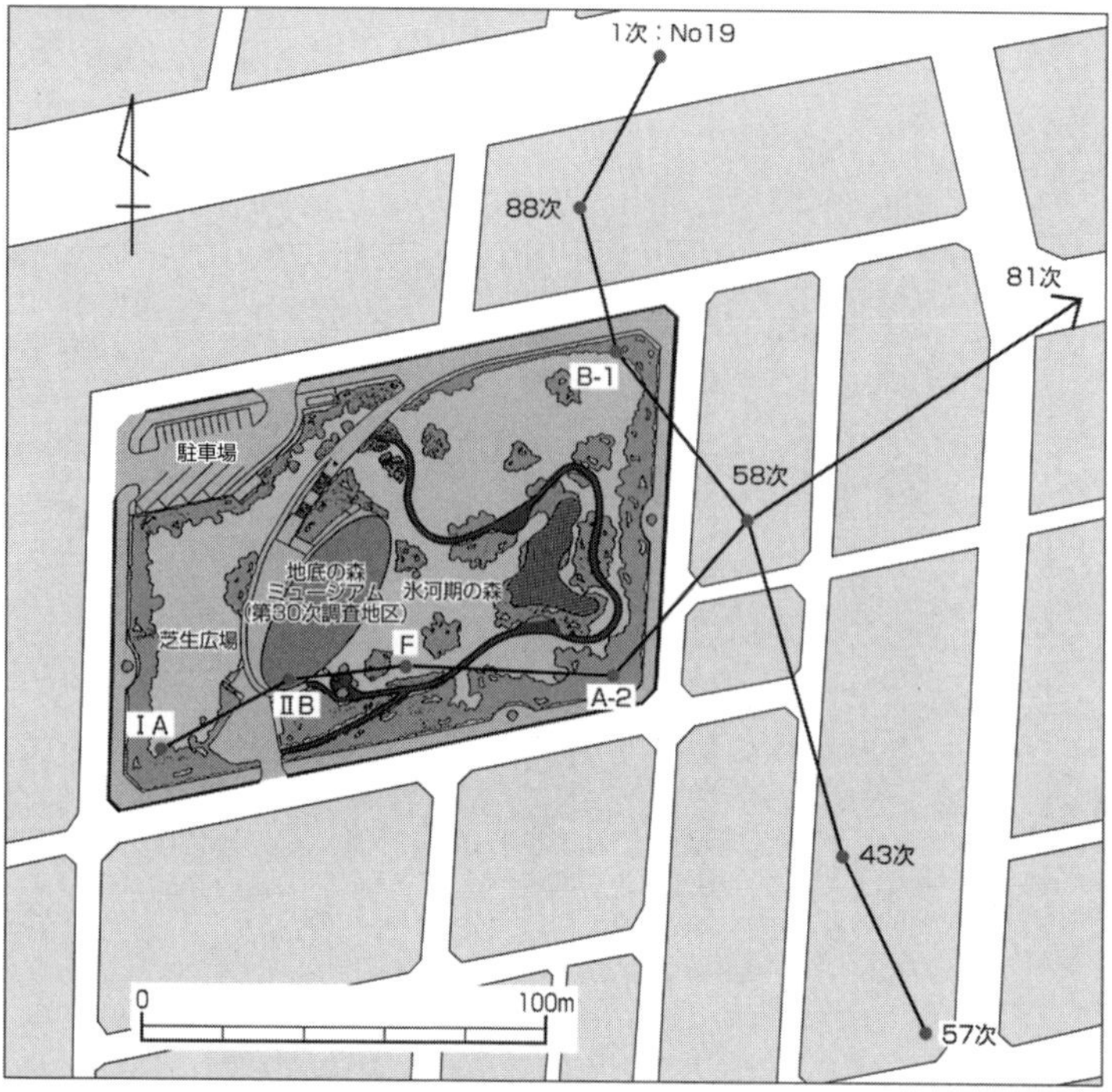

図51　地底の森周辺の旧石器時代の調査地点

一・五メートルと厚く堆積していることがわかった。第三〇次調査にくらべて凹地は広く、高低差は大きいが、湿地林の展開と堆積環境の変化には同じような傾向がある。

東側の凹地の中央部の第五八次調査地点、A2地点、B1地点の柱状図と、第三〇次調査地点の柱状図をもとに復元してみると、凹地の形成→腐植質の粘土層の堆積と湿地林の成立（三〇次26層・五八次39層）→徐々に粘土層の堆積（三〇次25c層・五八次38〜34層）→砂層の堆積と生育環境の悪化（三〇次25b層・五八次33〜31層）→粘土層の堆積（三〇次25a層・五八次30〜21層）→厚い砂層の堆積による湿地林の消滅（三〇次20層・五八次20層）という景観の移り変わりが読みとれる。

東側の凹地各地点の調査報告によると、見つかっている樹木・毬果・葉といった植物化石の同定、そして花粉分析の結果や推定される年代は、第三〇次地点の凹地とほぼ同じであり、この周辺にはトウヒとグイマツを主とする湿地林がそれぞれの凹地を中心として展開していたものと考えられる。

しかし、形成された凹地の中央部と周辺部では、地下水位との関係もあって、植物の構成に違いもみられ、その一つに東側の凹地においてチョウセンゴヨウの樹木の生育が確認されていることがある。ここは第八八次調査地点にあたり、凹地のなかでも中央部の標高の低いところからやや離れている。凹地の形成直後に腐植質の粘土層の堆積がないことからも、やや乾いた環境にあったことが、この樹木の生育を促したものと考えられる。この地点では、チョウセンゴヨウの生育は、砂層の堆積後にもみられるが、その後、トウヒ属の樹木が増えていく。また、東側の凹地の第四三次調査地点では、ミツガシワの種子とハンノキ属の樹木も見つかっており、地点的な違いもみられる。

このように、二つの凹地では地点的に植物の構成種にやや違いはあるものの、トウヒとグイマツを主とする湿地林の盛衰が、堆積環境の変化にともなって同じように認められる。これは、微地形の形成において同じ地形面にあることよるもので、富沢の湿地林の広がりとその盛衰は、凹地の形成と消滅という地形面の変化にともなうと推定される。その点で凹地はほかにも存在し、それぞれの凹地に存続期間を含めてやや違いはあるが、富沢の湿地林は、こうした点在する凹地を中心として広がっていたものと考えられる。

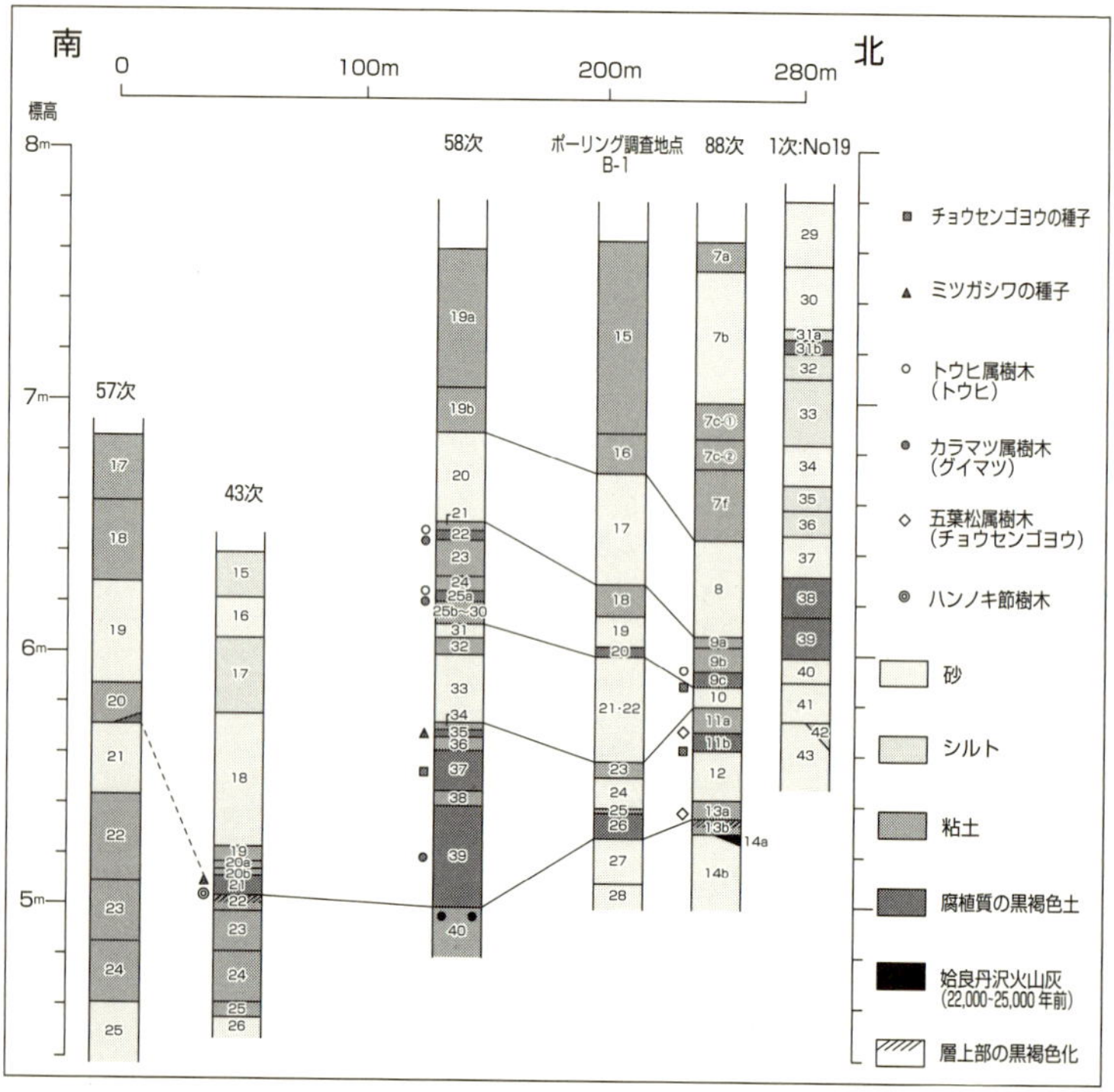

(二) 景観と人類の活動

富沢の景観を、前述の凹地の湿地林をもとに、周辺を含めて復元したのが復元画Bである。東側の凹地の東端から西方を俯瞰している。湿地林の盛衰のうえでは、安定した堆積環境を変化させた砂層の堆積以前の時期を対象とした。

二万年前の富沢は、亜寒帯性の針葉樹を主とする湿地林が広がり、人類の長期的な居住の場としては適していなかったが、シカのフンがいくつかの調査で見つかるなど、狩猟の場としての利用が推定されている。第三〇次調査で見つかった一時的な野営の跡は、その一端をよく示している。復元画Bを見るとわかるように、その場所は凹地

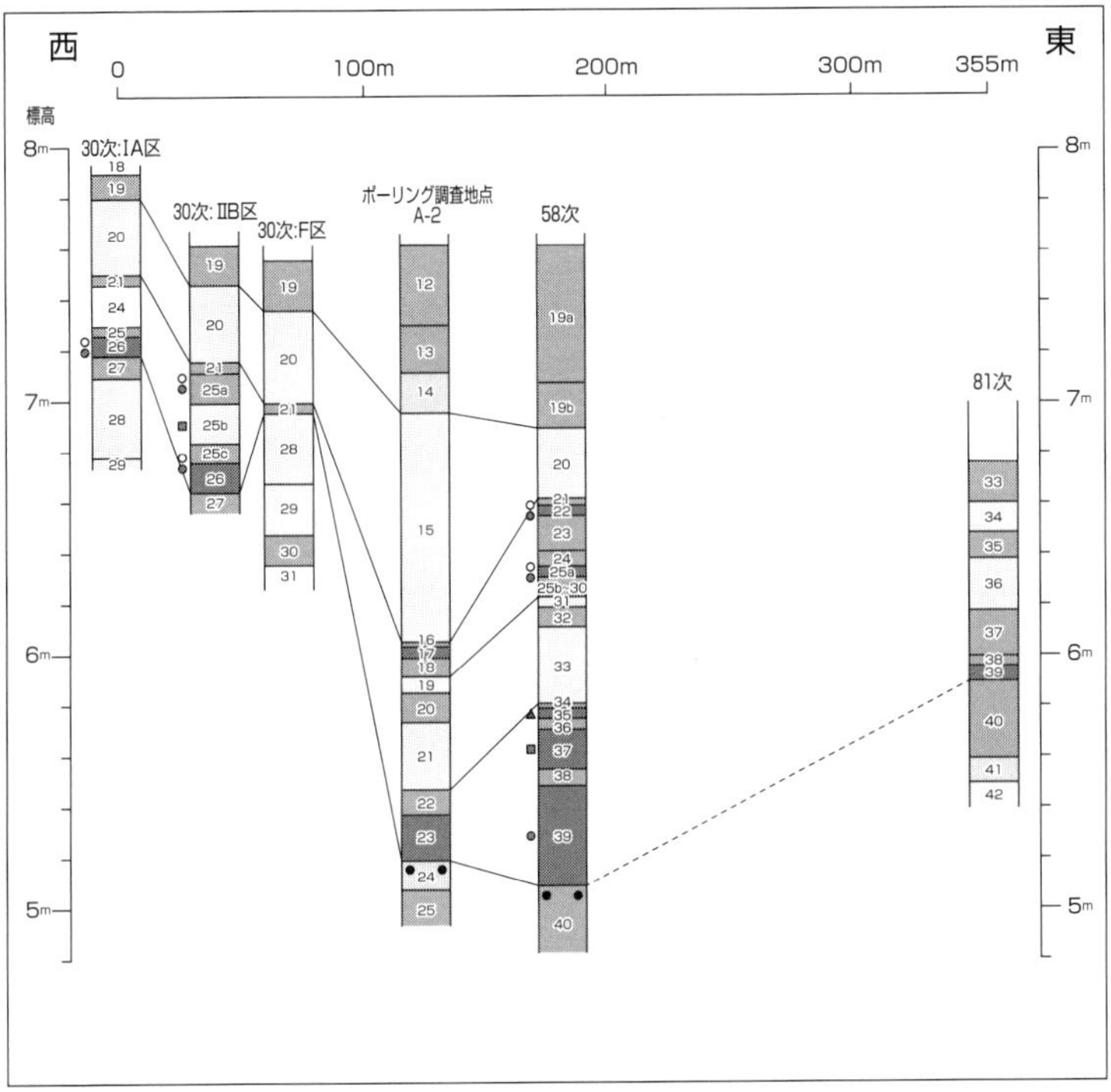

図52　地底の森ミュージアム周辺の調査地点の地層柱状図

と凹地の間に馬の背状にやや高くなっている。こうした水の影響を受けにくい場所は、富沢には多く存在し、狩猟にともなう活動も行われていたと考えられる。

しかし、その痕跡が見つかるのはきわめて少なく、第三〇次調査のほかには、第一〇二次調査において一点だけ見つかった石器や、第八八次調査の焚き火跡とされる炭化物片集中箇所が、狩猟の場に残された活動の痕跡を示すのみである。

V　旧石器文化研究における富沢遺跡

ここでは、最初に、富沢遺跡の野営跡の特徴を旧石器時代のいくつかの居住形態と炉跡をともなう他の遺跡の調査事例と比較して示し、次に、狩猟活動にかかわるさまざまな研究事例を紹介しながら検討を進め、最後に、旧石器人の居住と狩猟について考えてみたい。

1　居住の場と炉跡

(一)　居住の場と炉跡をともなう居住の痕跡

旧石器時代の土地利用はどのように行われていたのか。山中一郎の紹介にもとづいて、最初に、活動の拠点となる長期的・短期的な居住の場について、ヨーロッパの四〇〜六〇万年前の前期旧石器時代、アシュール文化におけるアラゴ洞窟の調査から、四つに分けられた利用形態をみておこう。なお、この洞窟の層準は、上層のSol Aから順に付されている。

①数年間の居住（Sol Q＝58万年前、Sol G＝45万年前）：あらゆる生態系の動物遺骸がもち込まれている。

②季節キャンプ（Sol J＝50万年前、Sol F＝44万

年前）：生態を熟知して共同狩猟を行っている。Sol Jは九～一一月のシカ、ダマシカ猟、Sol Fは四～七月のムーフロン猟。

③単なるストップ地点（Sol L＝55万年前）：六月に一五日間ほど滞在

④単なるビヴァーク（Sol GとSol Fの間層＝45万年前）：数点の剝片とジャコウウシの一部の骨。

フランス南部にあるアラゴ洞窟の調査は、ドゥ・リュムレイによって、一九六四（昭和三十九）年から継続して行われ、化石人骨も出土しており、その担い手がホモ・ハイデルベルゲンシスであることが明らかにされている。彼らの多様な洞窟利用形態は、この頃に組織化された狩猟活動が行われていたことを示しているが、狩猟とも密接にかかわる火の使用の始まりは明確でなく、長く議論の対象となってきた。

そのなかで、最も古く考えるのは、二四〇万年前のホモ・ハビリスの登場にあるとする説で、次いで、二〇〇～一八〇万年前のホモ・ハビリスからホモ・エレクトゥスへの進化に求める説がある。後者の理由として、リチャード・ランガムは、木登りに好都合だった肩、腕、体幹の適応が失われ、歯のサイズが縮小し、より大きな脳や体へのエネルギーの供給、小さな胃腸を示唆する形状、新たな生活域をアフリカの外へ開拓する能力、これらすべては、火の使用による料理がホモ・エレクトゥスの誕生に寄与したという考えを裏づける、と述べている。しかし、具体的な証拠は見つかっておらず、現状では、火の使用の証拠は、四〇万年前以降、炉跡として認められるようになる。

炉跡には、地面を掘り窪めて炉面とした凹床炉と、地面をそのまま炉面とした地床炉がある。最も古い四〇万年前頃の発見例としては、ヨーロッパのテラアマタ遺跡（フランス）における径三〇～五〇センチの凹床炉（住居中央部）、ヴェルテスツォロ遺跡（ハンガリー）における径三〇～五〇センチの凹床炉、ビーチズ・ピット遺跡（イギリス）における径約一〇〇センチの地床炉、シェーニンゲン遺跡（ドイツ）における径約一〇〇センチの地床炉などがある。

それ以降、前期、中期の事例は、アフリカや中東、ユーラシアでも認められる。後期旧石器時代には増加傾向にあり、日本列島の旧石器時代でも凹床炉と地床炉が見つかっており、炉を石で囲うこともある。

（二）炉跡をともなう居住の痕跡

炉跡をともなう富沢での居住を考えるうえで、比較する事例として、やや北方に離れるが、千歳市柏台1遺跡B地区（以下「柏台1遺跡」）で二万年前の森の跡より下層で調査された一三カ所の遺物集中箇所（ブロック）を紹介し、検討を行いたい。

図53と図54に示したように、柏台1遺跡の炉跡をともなうブロックは、細石刃石器群の六カ所、不定形剥片石器群の七カ所に分けられ、不定形剥片石器群のブロックが微高地北側縁辺部にまとまりをもって分布し、そのまわりに細石刃石器群のブロックが点在しており、両者は、分布が重ならず、ブロックの広がり、炉跡の大きさや形態などが異なっている。

炉跡は、各ブロックの中央部にあり、調査では、検出面となる層理面が周氷河現象によって表面が波打つが、炭化物を多く含む暗褐色土が平面的な広がりをもって見つかり、さらに掘り下げると、細石刃石器群のブロックでは焼土粒を含む黒

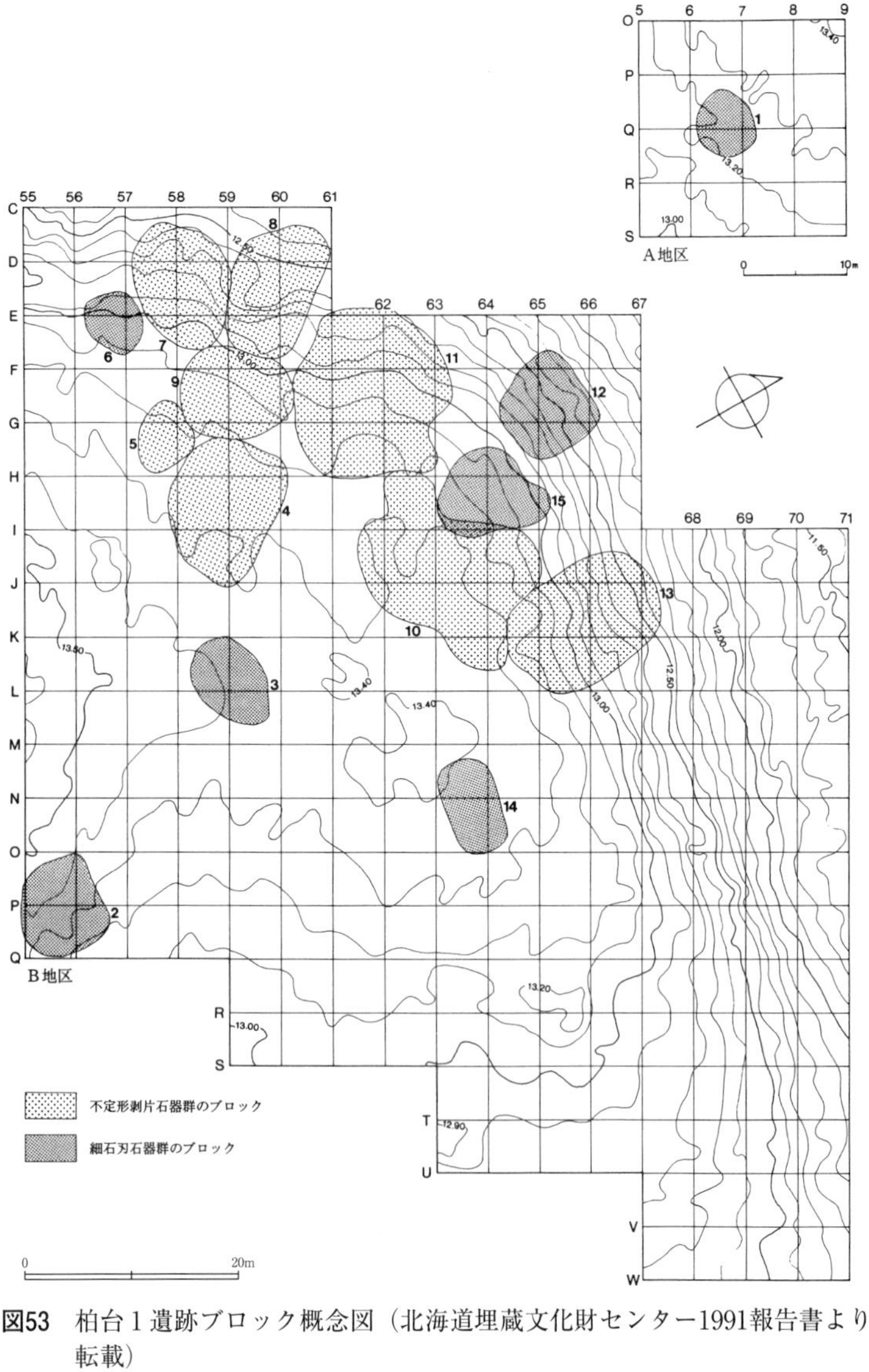

図53　柏台１遺跡ブロック概念図（北海道埋蔵文化財センター1991報告書より転載）

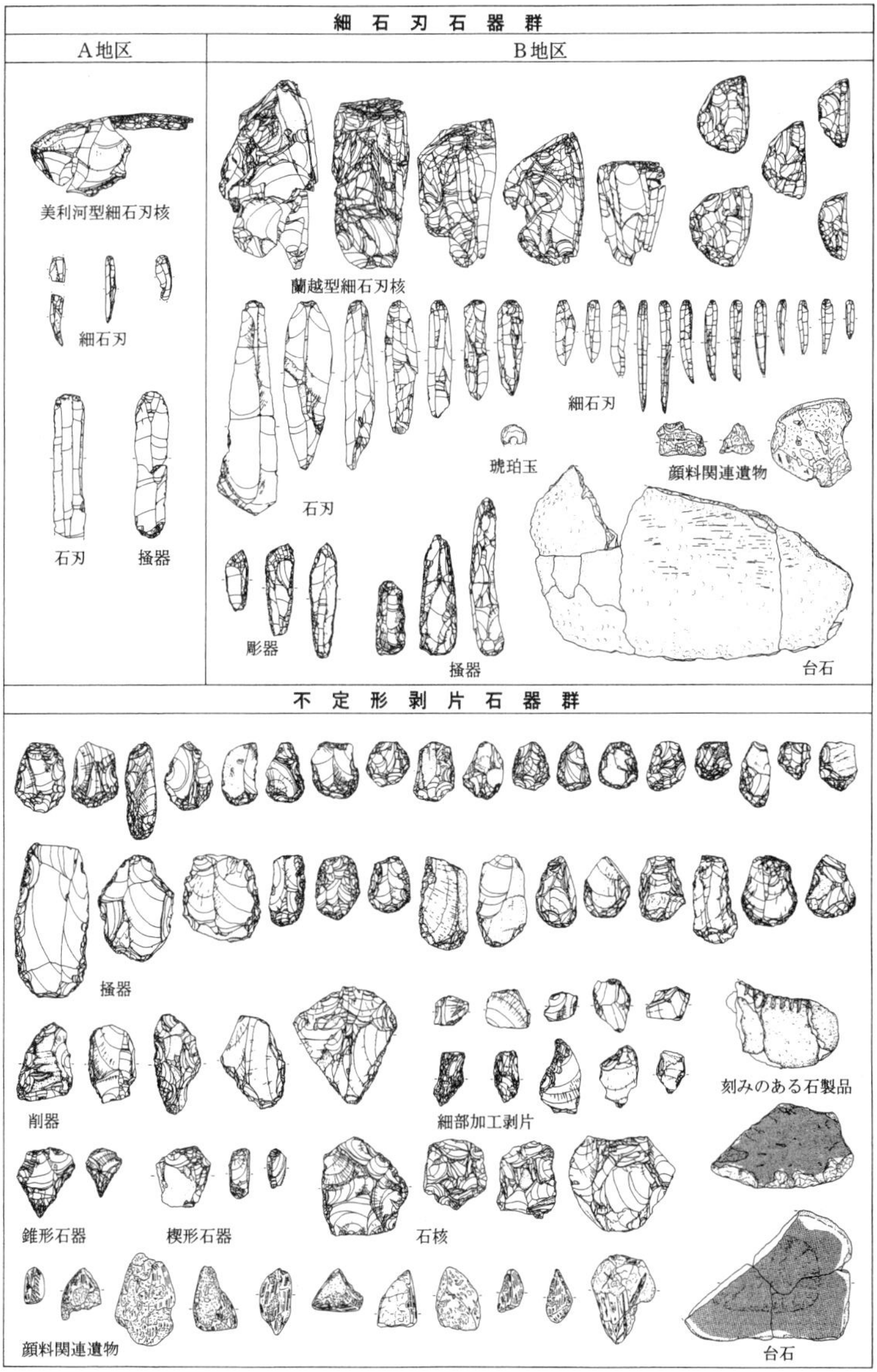

図54　柏台1遺跡細石刃石器群と不定形剥片石器群（北海道埋蔵文化財センター1991報告書より転載）

色土がわずかに確認される。そして、不定形剝片石器群のブロックでは黒色土のほかに焼土が明瞭にみられ、灰状の堆積物や黒色土と焼土が混じり合った堆積物もあり、焼骨も多数確認されたほか、炉跡の周囲には赤褐色土が広く分布する特徴があり、そこからも焼骨が出土している。

調査を担当した福井淳一によると、細石刃石器群のブロックでは、細石刃核（蘭越型）、細石刃の出土が示す石器製作が行われ、炉跡は、規模が小さく堆積物も薄く、被熱遺物が炉跡周囲だけに集中することから、きわめて短期間の炉の使用を想定している。不定形剝片石器群のブロックでは、出土数の多い掻器・エンドスクレイパーによる作業と、顔料関連遺物が多く、顔料の付着した台石もあることから、顔料の製造が行われ、炉跡は、規模が大きく堆積物も厚いだけでなく、顔料製造にかかわって幾度か堆積物をかき回した様相が推定された。また、赤褐色土や被熱遺物が炉跡を中心に広く分布していることから、比較的長期間の炉の使用を想定している。

この柏台1遺跡と富沢遺跡における旧石器人の行動痕跡を、立地、炉跡、遺物分布から比較すると、図55、表8に示したように、三つに分けられる。

①富沢遺跡の野営跡。

湿地林という不安定な堆積環境に、一カ所だけ残された行動痕跡。炉は地床炉で、面積は一平方メートル以下と小さく、堆積土はない。炭化物片にはカラマツ属の炭化材が確認され、火を焚いたことを示す。炉跡を中心として半径二・五メートルの半円形に石器が分布。炉跡と石器の分布はほとんど重ならず、被熱石器はない。個体別資料の分布は、剝片剝離作業の場所が限定的で一回性の行動痕跡であることを示す。接合関係をもつ石器が五〇・一％

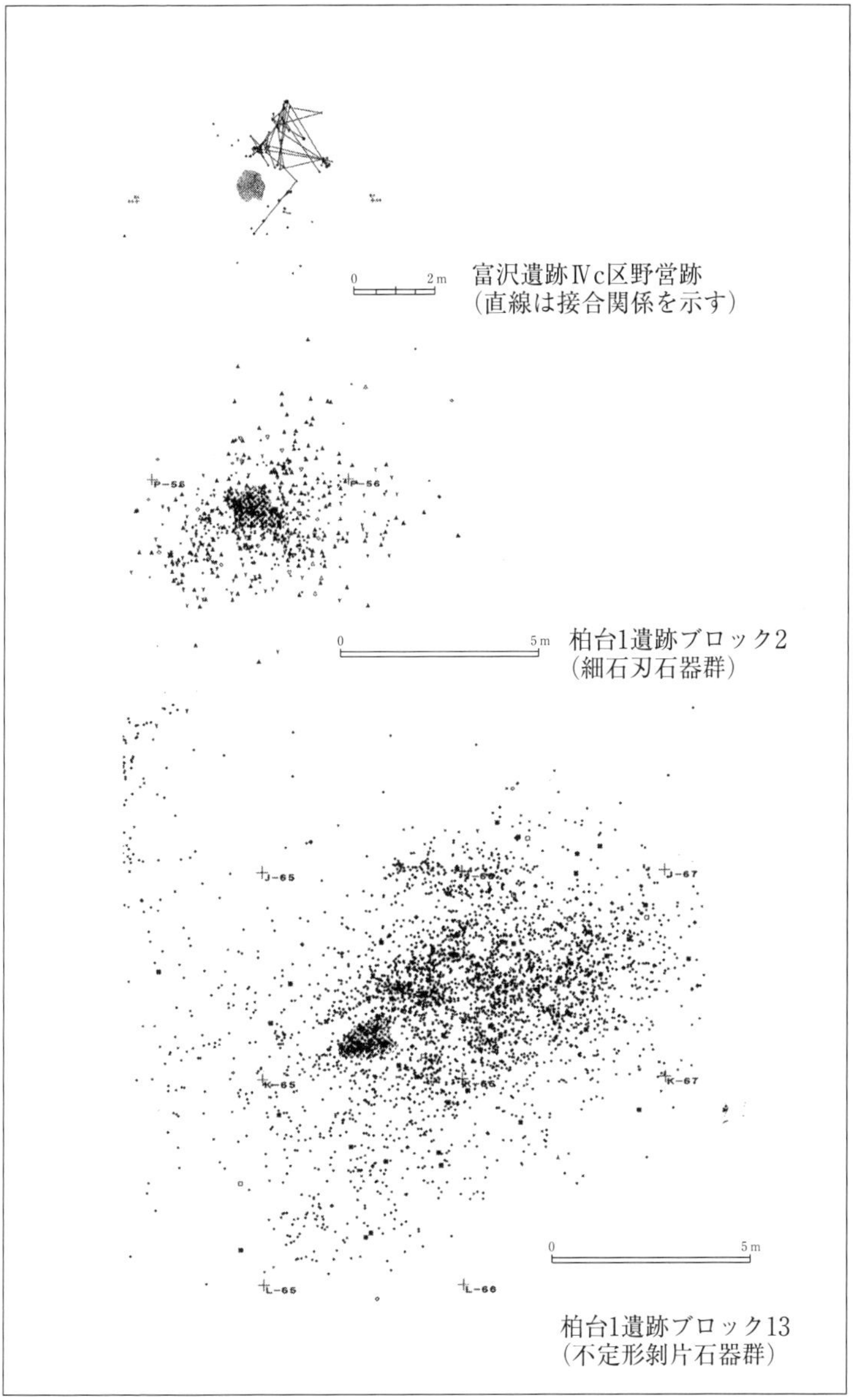

図55　炉跡を伴う石器分布（トーン部分が炉跡）

柏台1遺跡（B地区） 細石刃石器群ブロック	柏台1遺跡（B地区） 不定形剝片石器群ブロック
北海道千歳市／北緯42度47分 火砕流台地上に分布する微高地／13m	
19,850〜20,790yrBP 6カ所（2,3,6,12,14,15ブロック） 4.5×5m〜8×8.5m	20,300〜22,550yrBP 7カ所（4,7〜11,13ブロック、5ブロック炉跡ナシ） 10×10m〜14×20m
中央部／80×100cm〜110×200cm 凹床炉 堆積土厚さ2〜4cm、炭化物、焼土 ナシ 炉跡周囲に集中	中央部／70×80cm〜230×280cm 凹床炉 堆積土厚さ7〜10cm、炭化物、焼土、灰状堆積物 180×310cm〜350×500cm 炉跡を中心に広く分布
1カ所（ブロック15）で確認 52点〜761点（+チップ42〜1005点） 剝片・チップ主体+細石刃等 頁岩主体 42点 コハク製玉（ブロック15）	7カ所すべての箇所で確認 231〜2771点（+チップ308〜6638点） 剝片・チップ主体+掻器等 黒曜石、頁岩、安山岩など多様 1430点（+顔料付着した台石） 刻みのある石製品（ブロック9）

（二一一点中五六点）と多い特徴がある。

②柏台1遺跡細石刃石器群のブロック。

安定した微高地に、点在して複数カ所残された行動痕跡。炉跡は凹床炉で、面積は一平方《メートル》〜二平方《メートル》ほどで、堆積土は薄い。炉跡は、石器の分布の中央にある。炉跡と石器の分布は一部重なり、被熱石器は炉跡周囲に集中する。比較的出土遺物の多いブロックでは、個々の個体別資料は分布を異にしており、剝片剝離作業の場所は限定的でなく、他の複数のブロックと関係する資料もある。

③柏台1遺跡不定形剝片石器群のブロック。

安定した微高地に、まとまりをもって複数カ所残された行動痕跡。炉跡は凹床炉で、面積は一平方《メートル》〜六平方《メートル》ほど。堆積土は厚い。焼土が明瞭にみられ、焼骨が出土してい

表8　富沢遺跡と柏台1遺跡の遺物集中箇所および炉跡の形態

遺跡名・地区 集中箇所	富沢遺跡第30次ⅣＣ区 27層上面野営跡
所在地／緯度	宮城県仙台市／北緯38度16分
立地／遺構面の標高	扇状地と扇状地の接合部／7ｍ
C14年代（非較正）	19,430～24,300yrBP
炉跡のある集中箇所数	1カ所
集中箇所の広がり	半径2.5mの半円形
炉跡の位置／大きさ	半円の中心／70×80cm
炉跡の形態	地床炉（焚火跡）
堆積土・炭化物等	木材組織の残る炭化材（カラマツ属を確認）が分布・堆積土ナシ
炉跡周囲の赤褐色土の分布	ナシ
被熱遺物	ナシ
礫群	ナシ
集中箇所別遺物数	111点（＋チップ131点）
石器の種類	剥片・チップ主体＋ナイフ形石器等
石材	黒色頁岩主体
顔料関連遺物総数	ナシ
特殊な遺物	ナシ

る。炉跡は、石器の分布の中央にある。炉跡と石器の分布は重なり、周囲に赤褐色土と被熱石器が広く分布。個体別資料の分布は、炉跡や複数ブロックからの出土もあり、剥片剥離作業の場所を剥離順に沿って復元するのはむずかしい。

　これらのことから、①富沢遺跡の野営跡と、②細石刃石器群および③不定形剥片石器群には違いが認められる。立地では、①は長期的な居住に適さないが、②・③は長期的な居住に適している。炉跡では、①は地床炉であるが、②・③は地面を掘り窪ませた凹床炉で堆積土があり複数回の使用が想定される。遺物分布では、①は炉跡と重複せず、個体別資料の分布が限定的で、接合率が五〇％以上であるが、②・③は炉跡と重複し、個体別資料の分布が限定的でなく、他のブロックとの接合関係がある。これを、居住の期間に関して推定すると、①富沢遺跡の野営跡は、一時的な一回性の行動痕跡で、その期間は一晩程度であるが、②・③は、その居住期間が少なくとも①より多く、数日あるいは数回以上となる。

また、柏台1遺跡の②細石刃石器群・③不定形剝片石器群の関係について、報告書では、時期差があり、②の方が新しいと指摘されているがどうであろうか。というのも、両者は、放射性炭素年代測定値がほぼ同じで、③を特徴づける顔料関連遺物や礫群は②にも含まれるブロックがあり、③に数は少ないながら細石刃がともなっていて、両者のブロック数がほぼ同じで分布が重ならないのである。そのため、性格や分布域の異なる両石器群のいくつかが同時性をもって存在していた可能性もあり、検討してみる必要があろう。

2　狩猟活動にかかわる研究事例

(一) 旧石器時代の狩猟活動の落し穴

旧石器時代の狩猟活動に関して、日本列島で遺構として注目されるのが落し穴(陥し穴)である。落し穴は、従来、縄文時代以降に認められ、旧石器時代には存在しないとされていたが、箱根・愛鷹西南山麓とその周辺の調査研究がこれを明らかにした。この地域では、富沢遺跡よりやや古く、後期旧石器時代前半の二万七千年前(非較正)に、総数で二〇〇基ほどの落し穴が見つかっており、列をなすような配置もみられる。落し穴の形態・大きさは、平面形は多くが円形で、直径は一・二～一・五《メートル》、上半が開き、下半は筒状で、深さ一・五～一・七《メートル》である。

また、よく知られている三島市初音ケ原遺跡群では、図56のように、六〇基見つかった落し穴が、直線状あるいは弧状を呈する四列（A列～D列）に復元されている。これらは標高一〇〇メートル程の緩傾斜面にあり、最も長いA列は、東西にある谷頭と谷頭の間をつなぐように、長さ約二四〇メートルの弧状を呈し、平均六メートル程の間隔で四〇基ほどが配置されていたと推定され、C列は、長さ約一八〇メートルの直線的な配置をとる。

　こうした静岡県域東部を中心とした落し穴の発見例は、時期も限定的で地域的な特徴を示しているが、他の地域はどうだろうか。佐藤宏之が列島全体で集成したところ、五一遺跡で総数三七六基程度見つかっており、時期は後期旧石器時代の初頭から末葉まで認められ、現状では、東北地方の中部、関東地方～中部地方の南部、南島を含む九州地方の三地域に集中する傾向があり、東北・関東の検出例は少なく、南九州では列島最古の検出例（鹿児島県種子島大津保畑遺跡例。三〇〇〇〇年前以前）と後期旧石器時代末葉の多数の検出例があるが、そのほかの地域の実態はよくわかっていないという。

　しかし、日本列島の旧石器時代のなかで、落し穴の形態には、前半の円形主体から、後半～末には縄文時代と共通する円形、楕円形、長円形、長方形による多様性が備わり、機能を高める底部施設が出現する変化がある。そして、これが動物相へ対応した狩猟法と結びついているのであれば、いずれの地域においても存在していると考えられる。そのため、旧石器時代の落し穴の時期や分布の偏在は、今後の調査の進展によって解消されていく可能性がある。

　では、落し穴を用いたどのような狩猟が行われていたのだろうか。縄文時代には、動物相は比較的安定しており、シカ・イノシシをおもな対象獣

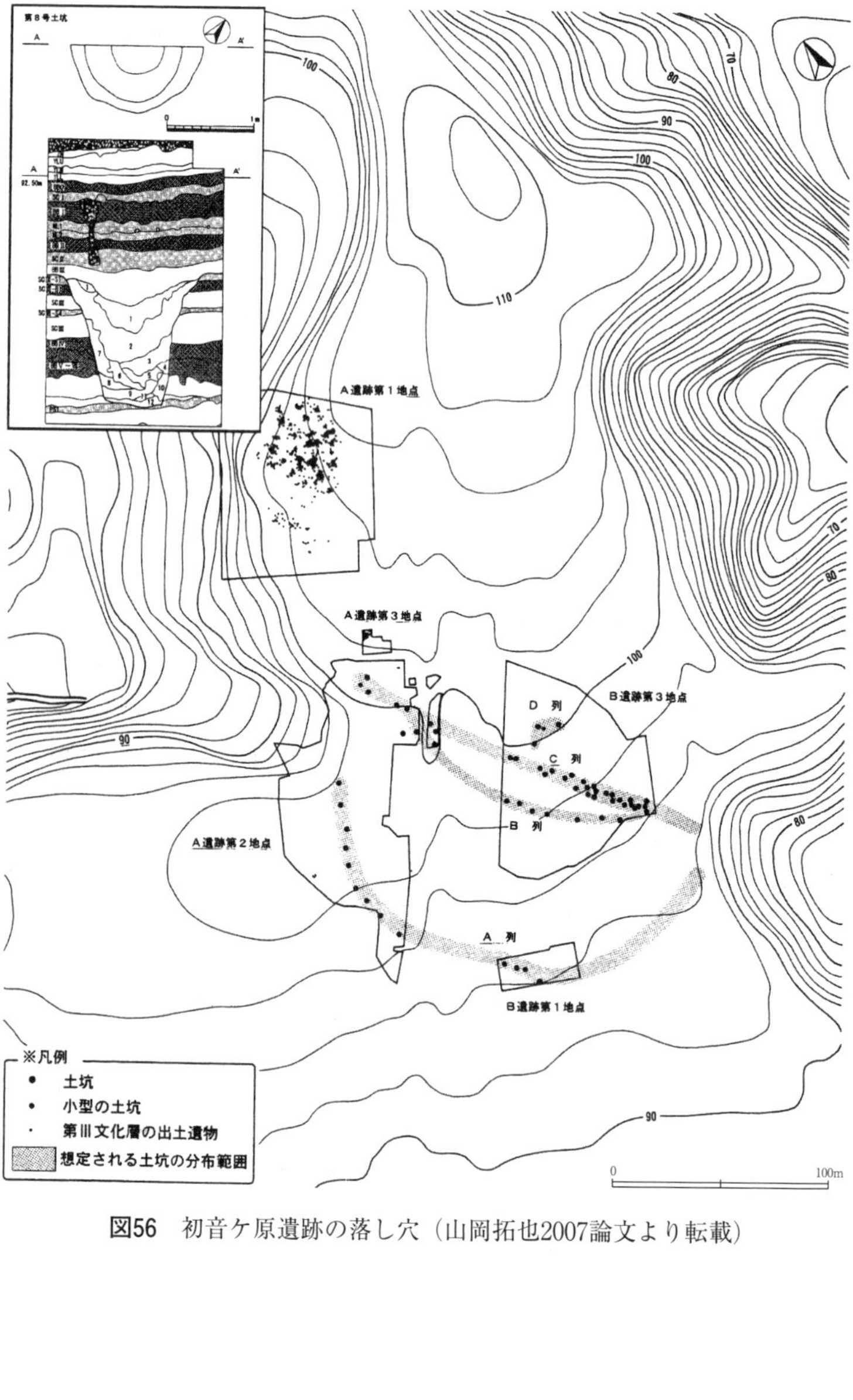

図56　初音ケ原遺跡の落し穴（山岡拓也2007論文より転載）

としておもに罠猟、時に追込み猟に用いるという基本的な位置づけがなされているが、旧石器時代には、地域による動物相の違いと時期的な変化があり、おもな対象獣には絶滅種を含む大型草食獣からイノシシまで含まれ、大きさもさまざまで、二万年前の最終氷期最寒冷期頃までは、特定するのはむずかしい。

狩猟法は、巡回による罠猟を主とすると考えられているが、前半は、落し穴の形態が単純で、対象獣の多様性に合わせた落し穴の形態があるわけではないので、人類の積極的な行動をともなった方法も想定しておきたい。

しかし、いずれにしても、落し穴猟には、おもな対象とする動物の習性にもとづいて、近地における長期的な居住が求められたであろう。そこでは、落し穴は不動産的な施設をともなう狩猟体系の一部を構成しており、その狩猟方法が成立する居住は、定住性が高いと理解すべきである。

（二）現生狩猟採集民の居住形態

旧石器時代の狩猟採集民の居住形態に関しては、気候や環境が類似する北方狩猟民の民族事例研究をおもに紹介して参考としよう。

カナダ北西部　二万年前の富沢の環境と類似するトウヒ・カラマツの針葉樹林帯に住むチペワイアン・インディアンは、居住地から、狩猟・漁撈のために、親族によって構成された季節的な野営を年間四回行っており、なかでも、トナカイを対象獣とした冬季の野営を特徴とする（図57）。ここで煎本孝が生態人類学的な調査をした一九七五〜七六年には、チペワイアンは、移動にカヌー・犬ゾリ、狩猟に銃を用いており、冬季野営は、親族九人で構成されていた。その季節的な野営の特色は以下のとおりである。

図57　チペワイアン・インディアンのトナカイ狩猟（写真提供：煎本孝氏）

秋（十月〜十一月初旬）：漁撈＋小型動物の狩猟
冬（十一の一部〜三月）：トナカイ狩猟＋漁撈
（正月は居住地に戻る）
春（四月〜五月）：漁撈＋小型動物の罠猟・狩猟
＋鳥狩猟
夏（六月〜九月）：漁撈＋オオシカ狩猟（商業的
漁撈：居住地から一日以内の距離）

冬季の野営地は、トナカイの南下にあわせて居住地から一〇〇キロ北上して設営する。冬季野営の前半は徒歩による無積雪期狩猟で、活動空間は五〇平方キロ、活動に利用された最も遠い地点は野営地の北一〇キロであった。狩猟・罠猟の途中での野営には天幕が用いられる。不時露営においては雪の上に大きな焚火が一晩中作られ、このまわりに針葉樹の枝や葉を敷いて帆布を被って寝るという。夏季における狩猟活動の途中では、天幕は使用されず、露営である。

こうした野営地を中心とした活動は、近域（一キロ以内）・外域（一キロ以上）の食物獲得活動（狩猟、罠猟、漁撈、採集）と、野営地内の食物加工活動（食物調理活動・食物保存活動）、毛皮加工活動（動物の毛皮を鞣す活動）、道具製作活動（皮、羽、骨などを用いた道具製作）、住居設営活動（天幕、丸木小屋の設営・維持）によって構成されている。

注目されるのは、食物獲得における狩猟と罠猟の組み合わせによる生産の安定性、食物加工における将来のための保存食料（乾燥・燻製肉）の製造である。また、植生とのかかわりで、毛皮加工では毛皮を燻すのにカラマツの枯木を用い、住居設営では、トウヒが建材に用いられ、トウヒの小枝が床に敷かれる。

ロシア沿海州

ウデヘは、日本海とアムール川に挟まれたシホテ・アリニ山中に住んでおり、おもな居住地域の一つであるビキン川流域は、針葉樹林帯と針広混交樹林帯の境界付近にある。ここには、クロテンの平均的・効率的な捕獲を考慮して伝統的に設定された二二の狩猟区の活動があり、クロテンの毛皮を目的とした商業的狩猟における罠猟の多様性が認められている。過去の狩猟に関しては、一九三〇年代の五区（面積三〇一八〇ヘクタール）に相当する地区における佐藤宏之の聞取り調査があり、一人の猟師の年間の活動が知られている。

秋（十月）：仮小屋で家族と漁撈活動（サケ）
秋〜冬（十月〜三月初旬）：狩り小屋で狩猟活動（正月は村に戻る）
春（五月）：仮小屋で漁撈活動（イトウ）
夏〜秋（六月〜九月）：（村を拠点に）狩猟活動

冬季の狩猟期間は定められており、十月初旬から三月初旬で、一人で狩り小屋にこもり、そこから罠の見まわりと大型獣狩りをくり返す。おもな対象獣は、クロテン、アカシカ、イノシシ、クマである。日帰り狩猟が原則で、一日の延べ歩行距離は三〇～四〇キロに及んだと推定されるが、帰還できない事態、たとえば対象獣の追跡、天候悪化などが生じたときには、巡回コースの奥地（狩り小屋から一五～一六キロ）にあらかじめ準備しておいた避難用滞留テントで仮泊することもよくあるという。

また、夏～秋の狩猟活動は、村を拠点に、アカシカ、ヘラジカを対象として行われ、狩り小屋は基地として一時的に利用する。秋・春の漁撈活動を行う仮小屋は、村から近い距離にあり、秋のサケは、冬季の重要な食料となっていた。なお、ウデへには、罠猟として落し穴も認められるが、本来のものではないという。

ここで知られる狩猟・漁撈は、決められた狩猟区内での活動ということもあり、猟師の狩り小屋、仮小屋への季節的な移動はあるが、遠距離移動ではなく、狩り小屋付近にかつて旧集落があったことから、夏と冬の居住地が近接する年間定住型に近い居住形態の可能性が指摘されており、その要因をサケ資源の安定性に求めている。

（三）現生狩猟採集民の狩猟法

ロシア沿海州

前述の一九三〇年代のウデへの狩猟法には、佐藤宏之の調査では、罠猟のほかに、アカシカを対象としたイヌと鹿笛を使った弓矢猟と雪の深いときの槍による追込み猟、イノシシを対象とした単独での接近猟、集団での追込み猟、イヌ使用の追跡猟、クマの巣穴猟、アナグマの足跡追跡猟がある。

伝統的な狩猟具は弓矢と槍である。弓矢はシカ・小型獣・鳥に用いられ、アカシカの場合、有効射程距離は二〇〜三〇メートル程度で、左脇腹の心臓部分をはずして他の部分に当たっても倒すことはできないという。槍はクマ・アカシカ用の「大型の槍」（長さ二メートル程度）とイノシシ用の「小型の槍」（長さ三メートル以上）に分けられ、大型とするのは長さではなく太さと頑丈さに起因するという。

カラハリ砂漠

　アフリカ南部のカラハリ砂漠に住むブッシュマンは、田中二郎の研究からすると、一九六〇年代後半〜七〇年代、半径五〇キロほどの範囲を数週間ごとに居住地を移動、二〇〜八〇人ほどからなる居住集団が離合集散をくり返す生活を送っている。居住地を基点として、罠猟のほかに、弓矢猟、巣穴猟、追跡猟の狩猟活動を行う。

　弓矢猟における対象は、ゲムスボック、エドゥなど、二〇〇〜三〇〇キロのウシ科の大型レイヨウ類である。稀にキリン（一〇〇〇キロ）も対象となる。弓矢は、長さ七〇〜八〇センチの小さなもので、飛距離はせいぜい三〇メートルくらいである。矢は、矢羽根もなく命中率ははなはだ低く、先端に甲虫の幼虫からとった毒が塗ってあり、命中すれば獲物は数時間から二〇時間のうちに命をおとすが、命中した後も大型の動物だと毒が効いて倒れるまで一昼夜近くかかるので、その追跡も並大抵のものではない。後述する追跡猟ともかかわる。

　巣穴猟では長さ四メートルぐらいの鉤竿を用いて、巣穴のなかに休眠中の動物を捕える。対象は一キロほどのスプリングヘアーである。

　追跡猟とは副次的な狩猟法で、対象は、当初から限定していないが、おもにイボイノシシ、ノウサギ、ヤマアラシなどの小型獣である。人類の長距離を持続して走行する能力は他の動物より優れているので、大型レイヨウでさえも、条件に恵まれれば一〜二キロの追跡ののち、追いついて槍で仕留めることが可能である。

(四) 持久走能力と体温調節能力

ウデへとブッシュマンの狩猟に見るように、弓矢猟といっても、弓矢による一撃での捕殺はむずかしく、手負いとなった対象獣を追跡して追い詰め、捕殺する行動を必要としている。また、対象獣によっては、当初から追跡する方法もあり、狩りの本質は粘り強い追跡にある。それを可能にしているのは、人類の高い持久走能力である。

デニス・ブランブルとダニエル・リーバーマンは、人類は、歩行と走行によって長距離移動のために進化したと仮定するのが合理的であり、従来、走行能力は、単に高められた歩行能力の副産物とされてきた説に反論している。

彼らによると、走行に有利な化石人骨に観察される重要な特徴は、二〇〇万年前に、長い足や短い足指など、二〇以上あることを指摘し、初期の原人：ホモ・エレクトゥスにすでに出現しているという。それらは歩行よりも走行に特殊化した構造として、エネルギーを効果的に蓄えて放出する跳躍のシステム、体幹を安定させるために強く収縮する発達した臀筋と背筋、走行の安定に結びつく切り離された肩の環状骨と細く伸びたウエストの組み合わせである。

そして、歩行だけでは説明できない生体構造が二つあるという。一つは、走行の維持は極度の力学的な姿勢をとるために、長距離歩行以上に、体温調節を必要とすることである。過度の体温の発散、たとえば、汗をかくこと、無毛であること、頭部を冷やすシステムにかかわる複合的な器官において、脊椎、臀部、脚の関節表面を広げることは、暑い環境での長距離歩行に役立つだけでなく、長距離走行によって生じる相当に高い体の負担と体温の上昇を抑える点で重要なのである。二つには、腕を短くして、頭部と環状鎖骨筋を切り離すことで、持久走能力を向上させる特徴である。これは、歩行とは無関係で、より効率的な長距離歩行にとって効率的であるとされる選択は、むしろ走行を進化させているのである。

　こうした持久走能力と体温調節能力は、狩猟における追跡行動に効力を発揮しただけでなく、人類の活動範囲を飛躍的に拡大することにつながったと考えられる。

（五）投げる能力と狩猟具

　人類が、投げる能力を身に付け、飛び道具、すなわち投擲具をつくり、それを使って狩りをするようになったのはいつ頃からか。ニーナ・ローチらは、投げる能力に関して、チンパンジーにはなく、新人にある三つの特徴を確認した。それは、上半身の連続した動きを大いに高めること、しなやかなウエストと曲りの少ない上腕骨のエネルギーを蓄えて放出すること、肩の関節がチンパンジーのように上向きではなく外向きになっていることである。これらが揃って投げる能力が備わるのは、二〇〇万年前に、肩関節方向が変化したときといわれる。

　しかし、最古の「槍」の出土例は、それよりはるかに新しく、小野昭が紹介しているように（図58）、前期旧石器時代の約四〇万年前に、ドイツのシャーニンゲンで出土している。トウヒ属の一木作りの槍で、三本報告されている（木槍Ⅰ～Ⅲ）。木槍Ⅰは、長さ二・二五メートル、最大径四七ミリ（基端から七〇〇ミリの位置）、木槍Ⅱは、基部を一部欠損しており、残存長二・三〇メートル、最大径三七ミリ、木槍Ⅲは、長さは一・八二メートル、最大径二九ミリ（基端から三〇〇ミリの位置）である。これらは、

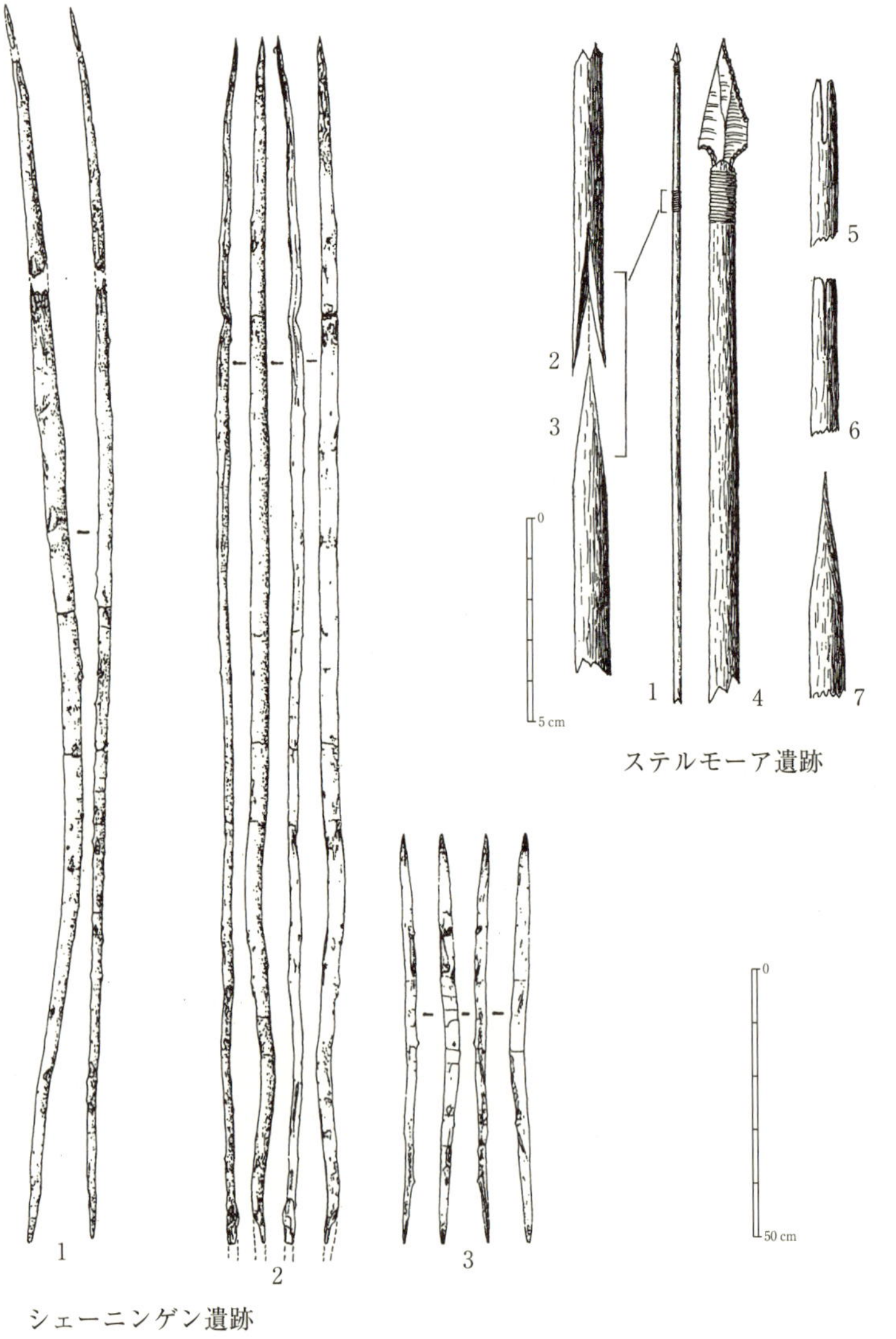

図58　シェーニンゲン遺跡の木槍とステルモーア遺跡の矢柄と矢の先端（小野昭2010論文より転載）

先端部が削りによってつくり出されており、最大径の位置が基部方向に偏しており、復元品による実験結果をふまえて、狩猟用の木製投槍と考えられている。

　後期旧石器時代には、ロシアのスンギール遺跡でマンモス牙製の槍が二本（長さは二・四二メートル、一・六六メートル）見つかっている。しかし、この例を含めて、槍の先端に骨製あるいは石製の尖頭器が装着された発見例はない。

　ところが、弓矢の矢には装着例があり、後期旧石器時代最終末にドイツのステルモーア遺跡で出土している。完全な例は、矢柄はマツ材でつくられており、長さ一〇〇センチ、径一センチ、矢羽根はない。矢柄は組み合わせ式で、先端側は切込みを入れて尖頭器を装着して緊縛、それを基部側と組み合わせて緊縛している。

　このように、石器を先端部に装着した旧石器時代の狩猟具の形態はわからないのであるが、近年、山田しょうは、石鏃を含めて以下のように分類している。

①弓矢に装着した鏃
②投槍器を用いた投げ槍（ダーツ）
③手による投げ槍
④手にもって突いた槍

そして、民族事例にもとづいたジョン・シェアの研究を紹介している。そこでは、先端に用いられた石器の横断面の面積（TCSA値：tip cross section area 最大幅×最大厚÷2）に注目しており、以下のような計測値が示されている。

弓矢の鏃は平均三三平方ミリ（最小八平方ミリ・最大一四六平方ミリ）
ダーツの槍先は平均五八平方ミリ（最小二〇平方ミリ・最大九四平方ミリ）
突き槍の先端石器は平均一六八平方ミリ（最小五

表9　アフリカ・レバント・ヨーロッパのTCSA値（Shea 2006より作成）

地域・時代	資料体数	平均（㎟）	最小値を含む資料体（㎟）	最大値を含む資料体（㎟）
アフリカ 中期石器時代	12	81〜199	4〜842 （資料数239）	50〜1210 （資料数545）
レバント中部 旧石器時代	8	113〜162	10〜314 （資料数1021）	30〜544 （資料数295）
ヨーロッパ中部 旧石器時代	5	154〜342	49〜527 （資料数12）	49〜527 （資料数12）
レバント上部 旧石器時代初頭	12	11〜143	5〜77 （資料数67）	53〜500 （資料数36）
ヨーロッパ上部 旧石器時代初頭	6	41〜147	8〜88 （資料数40）	28〜193 （資料数23）

○平方ミリ・最大三九二平方ミリ）

これをもとに、表9にように、アフリカ・レバント（東部地中海沿岸域）・ヨーロッパの出土石器の計測値をみると、中期旧石器時代から後期旧石器時代へTCSA値が小さくなっており、小型・軽量化がはかられている変化が知られる。

　日本列島では田村隆の研究があり、北海道・東北・中部（縄文時代への移行期を除く）では、ナイフ形石器および尖頭器は平均三七・六〜一六七・六平方ミリ（最小九・三〜三三・三平方ミリ・最大七六・九〜二四七・○平方ミリ）というTCSA値を示し、レバント、ヨーロッパの後期旧石器時代と類似する。富沢遺跡に関しては、ナイフ形石器二点（図47）のTCSA値が、K157：五○、K165：三七・五＋αで、民族事例の平均値でみるとダーツか弓矢で、最小値─最大値の幅でみると、K157の五○は、弓矢、ダーツ、突き槍のいずれでもいいことになる。

研究の現状をみると、ＴＣＳＡ値をふまえて、後期旧石器時代に投槍器を用いたダーツの普及を考えようとする向きがあり、実験的研究も行われている。しかし、出土事例がないため、先端石器の装着方法、雇い柄の有無、柄の長さなど、構造を復元するのはむずかしく、先端石器だけからのアプローチには限界がある。

また、対象獣との関係では、山田しょうによると、石製の刺突具はその大きさにかかわりなく大型動物に用いられ、動植物質の刺突具が小型の動物に用いられる民族事例を紹介し、後期旧石器時代の後半に小型の刺突具の増加を、大型獣の減少に単純に求めることはできないとしている。

中期・後期旧石器時代の人類は、投げる能力をどのように狩猟に発揮していたのか。さまざまな課題を解明していくうえで、民族事例にもとづいた復元的研究の進展とともに、発掘調査によって尖頭器を装着した狩猟具の発見が期待される。

3　旧石器人の狩猟活動

(一)　二万年前の居住と狩猟

当時の居住と狩猟は、これまでの検討から、以下のように考えられる。

居住形態　寒冷な地域の民族事例からすると、居住形態は四種類が認められる。長期的な居住には、通年的なものと季節的なものがあり、後者は、狩猟活動を目的とする行動である。長期居住地を拠点とした巡回による狩猟活動には、ルート上にあらかじめ野営用の一時的な短期居住地が設定され、ルートから遠く離れる場合は不時の短期居住地を選地して野営する。それぞれの居住地の特性を次に列記しておく。

通年的な長期居住地：全構成員の拠点的居住地。

季節的な長期居住地：特定構成員による計画行動。

一時的な短期居住地：狩猟者による複数回の計画内行動。

不時の短期居住地：狩猟者による一回性の計画外行動。

これらは、フランスのアラゴ洞窟の調査研究で指摘された四〇～六〇万年前の四種類の居住形態と類似しており、現生狩猟採集民まで受け継がれていると考えられる。しかし、旧石器時代においては一般的に居住地は移動性と考えられており、その要因は、構成員と資源量の関係、生活環境の維持など、多様である点は留意すべきであろう。

狩猟形態

寒冷な地域の民族事例からすると、狩猟形態は、長期居住地を拠点とした巡回による罠猟・狩猟を基本とする。狩猟には巣穴猟を含む。以下にその狩猟形態から抽出された四つの要素を列記する。

巡回構成員：一人あるいは数人である。

巡回日数：徒歩で、日帰りと数日がある。数日の場合には野営をする。

巡回範囲：徒歩で、居住地からの最長距離でみると、日帰りは一〇～一五キロ、数日はそれ以上（チペワイアンの犬ゾリを用いたときの最長距離は五〇キロ）。

短期居住地：狩猟活動の途中の野営や、天候悪化による避難に利用する。

箱根・愛鷹山麓遺跡群で検出された落し穴は、巡回における罠猟を構成する一つとして組み込まれていたことを示しており、後期旧石器時代の長期的な居住を示す遺構とも理解される。また、短期的な居住において予測される作業に要する資源

（石材・食料など）は、自然界で調達可能なように行動ルートが選択されると考えられる。

狩猟方法　弓矢・槍による狩猟の民族事例からすると、巡回において成功した場合の狩猟手順は、出発→巡回→発見→待伏せ・接近→攻撃・威嚇→追跡→捕殺→解体→運搬→帰着、と考えられる。その行程における留意事項は以下の四点である。

対象獣を発見できない場合は失敗となる。

対象獣を発見した場合、失敗はその逃亡であり、発見から捕殺までのどこでもありうる。

攻撃では、狩猟具による一撃で捕殺できないことが多く、追跡を要する。

追跡では、軽装化が求められ、人類は持久走能力に優れるが、長距離に及んだうえに逃亡されることもある。

後期旧石器時代の具体的な攻撃・捕殺の道具は明確でなく、棍棒や礫、あるいは石斧なども用いられたであろうが、主たる狩猟具としては、先端に石器を装着した突き槍、投げ槍、ダーツ（槍）、鏃が想定されている。しかし、全体の構造がわかる出土事例はなく、先端石器の形態・大きさ・重量だけから民族事例と比較する研究には慎重な議論が求められる。

また、日本列島の後期旧石器時代には石鏃の出土は確認されていない。そのため、富沢に残されていた二点の折れたナイフ形石器は、二万年前の狩猟具として、槍の先端石器が更新されたことを示していると考えられる。

（二）富沢の旧石器人の狩猟活動

居住と狩猟　富沢遺跡第三〇次調査区で見つかった二万年前の旧石器人の活動痕跡は、トミザワトウヒ・グイマツを主とする湿

図59　狩猟活動：遠望（絵：細野修一）

地林の一角を選地した一回性の野営跡であり、地床炉とその東側に分節化された二つの同時性のある行動空間が認識され、北東側で狩猟具の更新、南東側で皮・肉の加工が行われ、炉跡の北側にピット状遺構が残されていた。

日本列島では、後期旧石器時代の生業は、「現代人的行動」で指摘されている漁撈活動が不明確で、おもに狩猟と採集にもとづいているとされている。富沢ではハシバミやチョウセンゴヨウといった植物質食料は確認されるが、この最終氷期の最寒冷期には相対的に動物質食料の割合が高くなり、大型草食獣には絶滅していく種もあって狩猟対象獣の構成に変化が生じており、集団は、長期居住地を拠点として複数の居住形態を組織し、生業の主たる活動として狩猟を行っていたのであろう。

富沢の旧石器人たちも、いずれかの集団に属し

図60　狩猟活動：接近（絵：細野修一）

て、広い地域にあらかじめ設定された狩猟計画にもとづく行動に出たのだろうが、その途中で野営を余儀なくされている。そこで行われていた作業は狩猟具の先端石器の更新と理解され、一度は対象獣を攻撃はしているものの、追跡を要し、捕殺にはいたらない状況のなかで、追跡を継続する意志と、再度の攻撃、新たな対象獣の発見への備えが読み取れる。ここでの活動は、湿地林という長期的な居住には適さない選地、一晩程度の一回性の野営跡であることから、通常の巡回ルートから遠く離れた不時の短期的な居住と考えられる。

旧石器研究における成果

旧石器時代の研究で、狩猟を目的とした「生業領域」のなかで活動痕跡が明らかにされた事例は、落し穴（陥し穴）を除くと認められていない。旧石器時代のほとんどの遺跡は段丘・丘陵に立地しており、そこでは多数出土する石器から、同時性の識別や、存在したであろう重積した居住形態を再構成するのもむずかしい。

そうした点で、富沢はきわめて稀な狩猟活動における不時の短期居住地の検出例と評価できる。その特徴は、以下に示すように、居住形態の基本となる最小単位のまとまりである。

植物相と動物の痕跡とともに地形環境を確認できること。

遺構（炉跡・ピット状遺構）、遺物（石器・礫）のまとまりと同時性を確認できること。

炉跡と分節化された二つの作業空間が把握され、集団の構成員を数人と推定できること。

活動の内容（装備の更新など）が復元され、集団の意図を推定できること。

基本層序、自然環境、出土石器、年代測定から、時期・年代が判明していること。

日本列島では、富沢遺跡のように環境とともに遺構・遺物を考えられる旧石器時代の遺跡はきわめて少ないが、今後、狩猟活動を明らかにしていくうえで留意すべき一つの視点は、炉跡と遺物との関係から居住形態を個々に推定してそれら相互の連関を追及することである。なかでも、長期的な居住については、新人の拡散における現代人的行動の地域的な変異として、定住を想定した議論が必要となろう。

これらの一連の研究を進めていくうえで、富沢遺跡の野営跡は、後期旧石器時代の狩猟活動にともなう不時居住を示す一定点と位置づけられ、地底の森ミュージアムの地下展示室で保存公開されていることから、他の遺跡との比較対象において、広く共有しうる研究の一つの原点といえる。

Ⅵ　地底の森ミュージアム

富沢遺跡で野営跡が発見された一九八八（昭和六十三）年、三月から旧石器時代の調査が行われているなかで、文化庁の視察や、日本考古学協会などの保存への働きかけもあって、仙台市は、その年の夏、遺跡の重要性に鑑み、第三〇次調査対象地区約一万五〇〇〇平方㍍の保存と活用を図ることを決定し、この地区に予定されていた小学校建設地を、遺跡の範囲外へと変更した。

そして、発見から八年半後の一九九六（平成八）年十一月二日、遺跡の活用として、調査地区のうち八〇〇平方㍍を地下にそのまま保存公開する「地底の森ミュージアム」（正式名称：仙台市富沢遺跡保存館）が開館した（図61・62）。ここでは、開館にいたるまでの経緯と現状を紹介しておきたい。

1　保存処理と土木工法

一九八八（昭和六十三）年八月に保存が決まった後、調査は十一月までつづき、十二月には調査区は保存盛土工法によって埋め戻された。翌年には仙台市教育委員会によって基本構想が策定さ

図61　地底の森ミュージアムと氷河期の森

れ、保存された地区を活用していくうえでの基本的な考え方として、遺跡を発掘されたままの状態で公開展示し、その臨場感を市民に伝えることになった。

しかし、技術的に多くの課題があり、また、大規模な施設を前提とする構想であったことから、そのまま基本計画へは移れなかった。それは、目指した現地保存型の展示施設には、福岡市の金隈遺跡の事例はあったが、富沢遺跡のように、沖積平野に立地し、地下水位より低い遺構面（標高七メートル）の保存展示をしている施設はなかったこと、とくに保存公開の方法と地下水の遮断が大きな課題とされたことによる。そのため、保存処理方法と土木工法の検討が数年重ねられることになる。

当初考えられた保存処理方法は、地下水の完全な遮断を前提として、ＰＥＧ（ポリエチレン・グリコール）による含浸とそれを冷風乾燥させるもので、七年の期間を要するとされた。しかし、地下水の完全な遮断はむずかしく、湿った状態での保存処理方法の検討が必要となった。そうしたなかで、一九九二（平成四）年にケイ素化合物による保存処理が有効ではないかとの知見が得られた。この処理剤は一般的にポリシロキサン（ビフォマー）とよばれ、石造物などの保存処理ですでに実績をあげており、湿った状態でも理論的に可能であるとされたため、富沢遺跡に合わせた処理剤の開発が（株）C&P研究所によって進められることになった。

河北新報
平成8年（1996年）11月2日（土曜日）

旧石器時代の鼓動聞こう
富沢遺跡保存館きょうオープン
仙台

2万年の時空超え「地底の森」復活

ようこそ！2万年前の森へ
本日オープン・地底の森ミュージアム
11月2日（土）AM9:00開館
よみがえる2万年前
解きあかされる2万年前
氷河期の森
交通ご案内
入館ご案内
「氷河期を生きる-2万年前の旧石器人と動物たち」
2万年前の世界と富沢
仙台市富沢遺跡保存館
SENDAI CITY TOMIZAWA SITE MUSEUM

図62　地底の森ミュージアム開館の新聞記事（河北新報1996年11月2日）

　保存処理の考え方は、カビの発生と樹木の劣化を防ぎ、基本的にいつでももとの状態に戻せることであった。とくにカビ対策は、土壌や樹木にしみこんだ処理剤が水の動きを抑え、カビの生育できない環境にすることにあり、最先端の化学技術が応用されている。数年の間、その処理剤の開発が進められ、樹木用と土壌用の二種類の処理剤が、富沢遺跡用に準備された。

　土木工法の検討も、地質調査を行いな

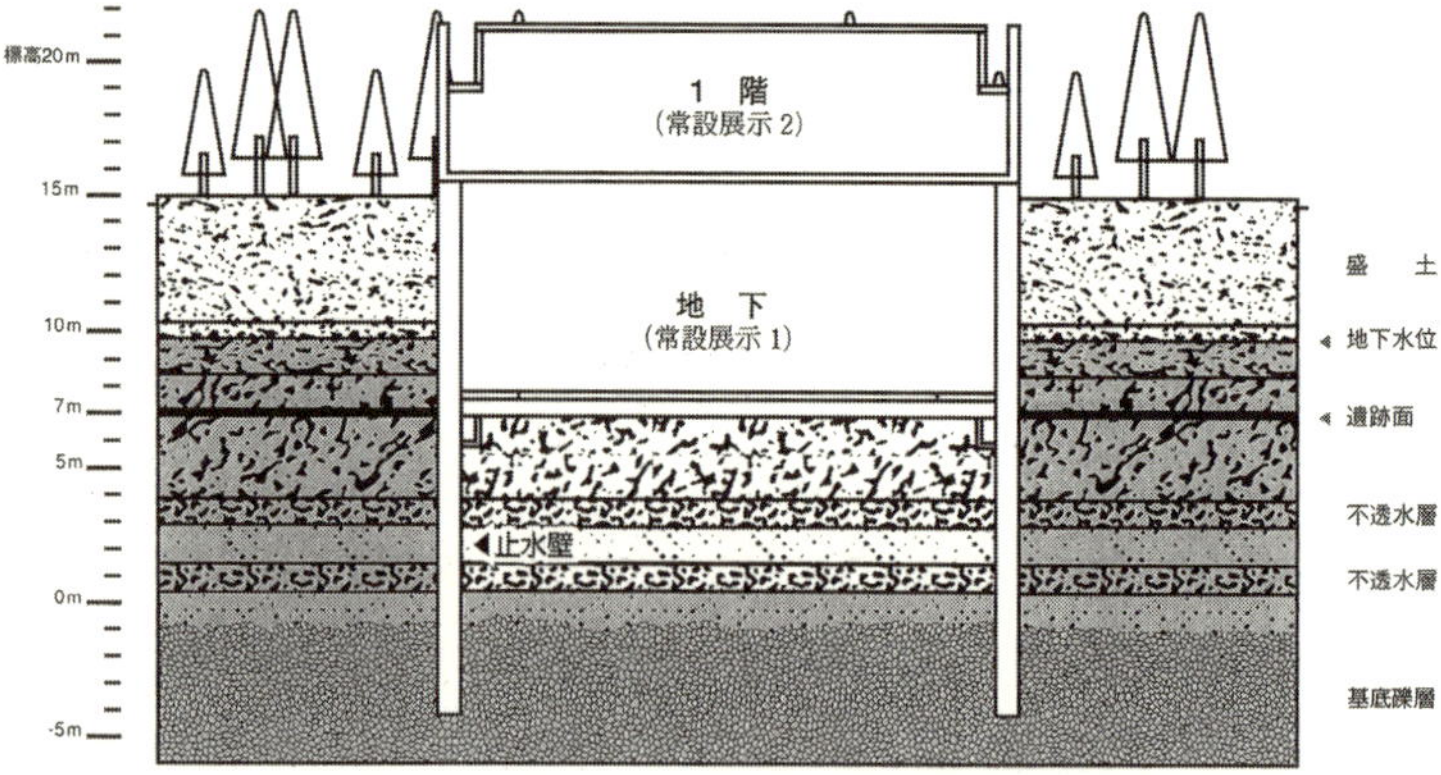

図63　地底の森ミュージアム建物構造模式図

がら進められた。富沢の地質は、標高マイナス一メートルからプラス三メートルに基底礫層があり、その上に砂や粘土が互層になって堆積しており、旧石器時代の遺構面（標高プラス七メートル）までつづいている。それまでに行われた周辺のボーリング調査資料の検討や敷地内で新たに行われたボーリング調査の結果は、旧石器時代の遺構面と基底礫層との間に二枚の不透水層の存在と、水の動きがきわめて遅いことを示した。そこで考えだされた設計が、図63のように、建物の基礎を連続地中壁として、基底礫層にくいこむように地下マイナス四メートルまで築いて側方からの水の浸入を防ぎ、下からの水の上昇は、二枚の不透水層で防ぐことができる設計であった。

一九九三（平成五）年に行われた実施設計は、この保存処理方法と土木工法をもとに進められたが、建築の前提となる連続地中壁の工事は、その部分の事前調査を必要としており、遺跡の保存という考え方からして、大きな決断を迫られた。そして、二つに分かれていた調査区をつなぐように、地下展示室を楕円形の一つの空間として公開する案が採用されたため、新たな調査も必要となった。具体的に展示室となる部分と新たに調査される部分の検討が行われ、とくに連続地中壁となる部分はできるだけ面積を小さくする努力がはらわれたが、その面積は合計すると四〇〇平方メートルもあり、地下展示室で保存公開される遺跡の面積の八〇〇平方メートルに対して二対一の割合であった。これは、カビ対策の一つである地下展示室壁面の結露を防ぐため、壁厚を八〇センチ必要としたことが大きく影響した。

一九九四（平成六）年十月に着工した建設工事は、十月から十二月に行われた連続地中壁部分の調査ののち本格化し、地下展示室の工事がほぼ終了した一九九五（平成七）年十一月から、保存されていた調査区の再発掘と、二つの調査区の間の発掘調査が始まり、十二月からは保存処理作業が並行して行われ、翌一九九六（平成八）年十月にすべての工事が終了した。

2　施設と運営

地底の森ミュージアムの敷地面積は一万四二六三平方メートルである。図51の全体配置図にも示してあるように、建物を挟んで東側には二万年前の氷河期の森を復元、西側には芝生広場と駐車場がある。建物は、連続地中壁（ＰＨＣ杭）を基礎とし、地上一階・地下一階の鉄骨鉄筋コンクリートおよび鉄筋コンクリート造で、平面形は楕円形をしている。地上高は一〇メートルであるが、盛土によってその存在感をなくし、外観はコンクリートを打ち放して氷河期の森との調和を図っている。建築面積は一一九六平方メートル、延床面積は二七四三平方メートル、来館者スペースが二一九三平方メートルと八〇％を占めているのが特徴で、そのうち常設展示室が一二二七平方メートル、企画展示室が八七平方メートルである。建物内部の雰囲気は、地下は比較的暗く、床にはアスファルト・ブロックが敷き詰められているが、一階は床を板張りにし、外光を取り入れた明るい設計となっている。

地底の森ミュージアムの運営は、開館当初、仙台市より委託を受けた財団法人仙台市歴史文化事業団が行っていた。事業内容は、展示、学校教育との連携、生涯学習、展示にかかわる調査・研究、図書・印刷物の刊行である。

3　遺跡を活かした展示

入口は地下に設けられており、来館者は正面ゲートを通り、階段を降りてから入館する（図64）。展示は、来館者が、最初に常設展示1（地下展示室）で発掘されたままの二万年前の森の跡（湿地林跡）と旧石器人の野営跡を見て、次にその調査成果を常設展示2（一階展示室）で理解してもらい、最後に復元された氷河期の森を散策できるように構成されている（図65）。

（一）常設展示1──地下展示室

約九〇〇平方メートルの楕円形の空間を展示室とし、周囲をめぐるデッキから八〇〇平方メートルに広がる二万年前の氷河期の森と旧石器人の野営の跡を見ることができる（図66）。野営跡は、少し標高の高

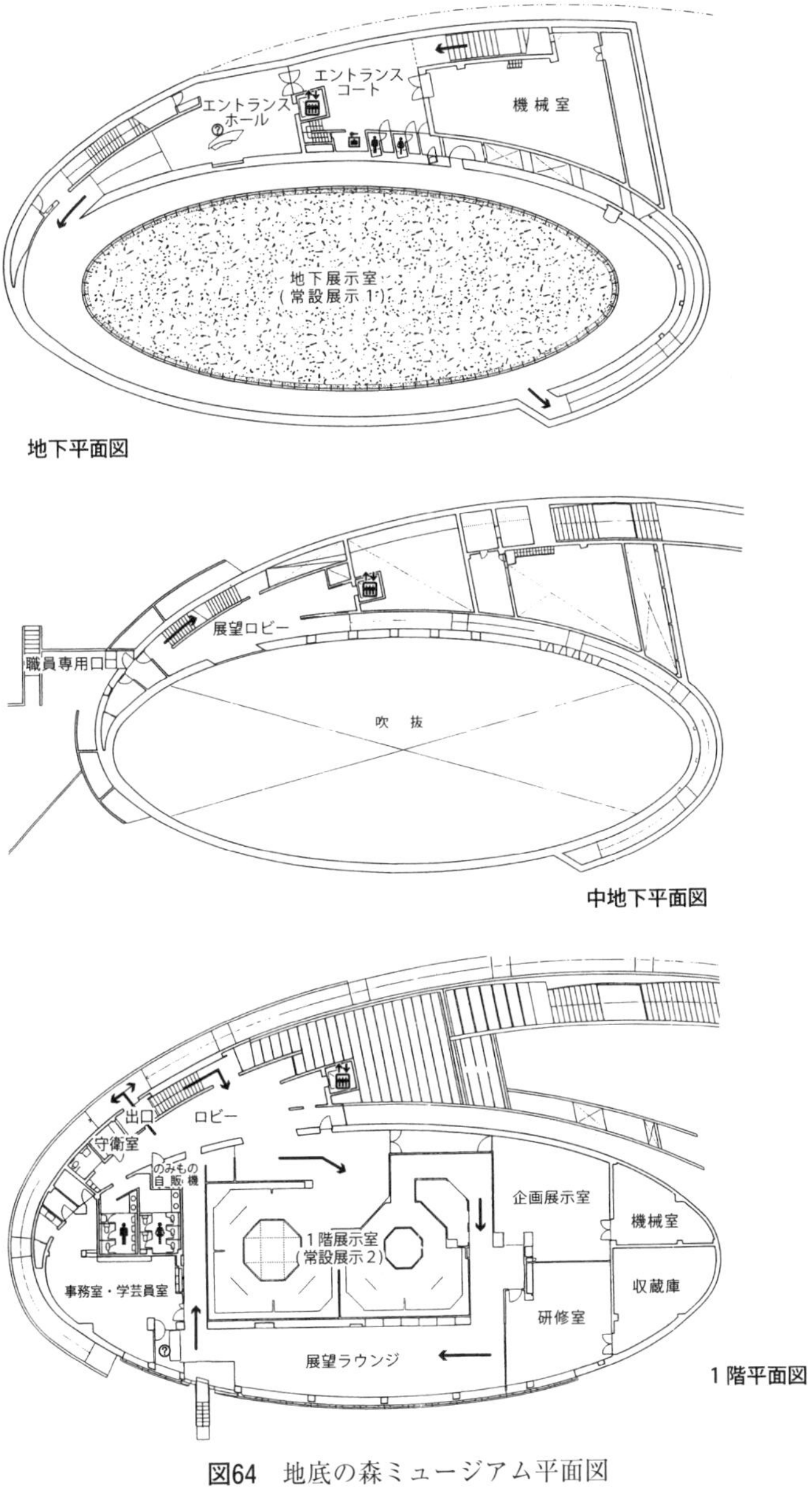

図64　地底の森ミュージアム平面図

●常設展示１（地下）	：２万年前の森の跡とたき火跡を，発掘したままの状態で展示
↓	
展示ロビー（中地下１階）	：地下の森の跡を眺望できる
↓	
●常設展示２（１階）	：発掘調査でわかったことや出土遺物を展示
↓	
〈企画展示〉	
↓	
展望ラウンジ（１階）	：復元された氷河期の森を眺めることができる
↓	
●氷河期の森（野外）	：２万年前の富沢の地形や植生を復元展示

図65　展示構成

いところにあり、旧石器人たちが野営するのにやや小高いところを選んだことがわかる。展示室内には約一〇〇本の樹木があり、ほとんどは針葉樹で、絶滅種のトミザワトウヒが主体を占めている。

復元された当時の自然環境は、年平均気温が七〜八度も低く、現在のサハリン南部から北海道北部に似ていると考えられており、このような環境と人類の活動を知ってもらうのに、音と映像を織り交ぜた演出が二〇分サイクルでくり返されている。その構成は、一〇分間隔で室内が暗くなり、壁面には、トミザワトウヒによく似たアカエゾマツの広がる初冬と初夏の湿地林の風景が、幅二五メートルにわたってスライドで映し出され、二万年前の富沢を彷彿とさせる。

そのあと、昇降式のスクリーンが降り、富沢での旧石器人の活動を推定した映画が上映される。

図66　常設展示1：地下展示室

それが終わり、室内が明るくなると、高さ五《メートル》の地層の剝ぎ取り展示を見て、展示室の奥から楕円形の壁面に沿ってスロープになっている回廊を登って中地下に出る。そこからは復元された湿地林を眺望できる。ここには、立体写真やパネルで富沢遺跡の紹介もしてある。そして、順路に沿って階段を登り、一階の常設展示2へ向かう。

（二）常設展示2――一階展示室

約三〇〇平方《メートル》の展示室の構成は、氷河期へのいざない→人類の活動をテーマとする展示→自然環境をテーマとする展示→二万年前の富沢の復元画とそのファンタビュー（当時の自然環境の模型+旧石器人の行動の立体映像）となっている（図67）。

導入の氷河期へのいざないでは、二万年前までの人類の進化と広がりを系統図と世界地図、頭骨

図67　常設展示２

図68　富沢博士のイラスト

模型を使って示し、最終氷期の最寒冷期には、海面が現在より一〇〇メートル近く下がっていて、海岸線の位置も現在よりはるか沖の方にあったことを知ってもらう。人類の活動・自然環境をテーマとする展示では、遺物や模型・映像を用いて、「富沢博士」（図68）がQ＆Aで謎解きをしながら発掘調査でわかったことを五つのコーナーに分けて説明していく展示方法をとっている。

　人類の活動の展示では、炉跡（焚き火跡）と石器の出土状況の原寸模型を、強化ガラスを張って中央の床下に配置し、まわりの三つのコーナーで、人類が焚き火をしたこと、石器をつくったこと、石器を使ったことがなぜわかったのかを説明している。とくに石器作りを示す接合資料の展示では、その頃では新しい試みとして、各打面の石核のレプリカと剝片の実物を並べ、ＣＧでその過程を復元して見せている。

自然環境の展示では、保存処理された樹根の実物を中央に配置し、まわりの二つのコーナーで、富沢に湿地林が広がっていたこと、二〇カ所以上で見つかったシカのフンの解明の過程を説明している。そして、最後のファンタビューでは、復元画の世界を、自然環境を復元したジオラマのなかに旧石器人を登場させて、短くストーリー化している。展示室を出て展望ラウンジへ進むと、そこからは氷河期の森を見渡せる。

(三)　氷河期の森―野外展示

二万年前の富沢の風景を推定し、針葉樹を主とした樹木のまとまりが点在する湿地林を現代に再現している。植物の種類や構成も調査成果にもとづいており、トミザワトウヒとよく似たアカエゾマツを主とし、グイマツ、トドマツといった針葉樹に広葉樹を少し交え、林床の低木、草本にはイソツツジ、ヨツバシオガマギクが植えられ、池にはミツガシワなどの湿地性の植物もみられる。

この氷河期の森には遊歩道が設けられていて、ゆっくり散策ができる。点在する樹木のまとまりに見え隠れする風景を楽しみながら、木々の間を駆け抜けるシカの群れや、どこからか旧石器人が現れてきそうな雰囲気を味わえる。また、修景として敷地まわりにはやや樹高の高いチョウセンゴヨウが植えてある。

(四)　企画展示

企画展示は、通常は八七平方《メートル》の展示室で、年に数回行っているが、そのうち一回は、隣の研修室を含めた一五〇平方メートルの面積で特別企画展を行っている。一九九六（平成八）年は、開館記念の特別企画展として「氷河期を生きる―二万年前の旧石器人と動物たち」を開催している。この展示は、富沢に来た旧石器人たちがどんな動物を追い求めていたのか、岩手県花泉遺跡から出土した動物化石をもとに、ハナイズミモリウシやナウマンゾウなど、当時の動物群を復元し、狩猟のようすを復元画に描きながら、大型動物の絶滅の要因を探る企画であった。

その後、特別企画展は、毎年、夏休みを含めた七月半ば頃から九月半ば頃まで開催されており、旧石器時代にかかわる展示は以下に示すとおりである。

一九九七（平成九）年「ネアンデルタール人の復活」

二〇〇二（平成十四）年「2万～1万年前の道具―東日本の石器のデザイン」

二〇〇六（平成十八）年「氷河期を生きる―二万年前の日本列島」

二〇一〇（平成二十二）年「洞窟遺跡の考古学」

二〇一三（平成二十五）年「ひらけ！旧石器人の道具箱」

二〇一四（平成二十六）年「ザ・ハンター―狩人の石器」

4　ミュージアムの現状

地底の森ミュージアムは、開館から一一年で五〇万人の来館者があり、一七年経った二〇一三（平成二十五）年九月には七〇万人目の来館者を迎えている。「世界中でここだけ」の貴重な発見とその保存公開に関心が集まっているといえる。

　この間、展示の維持管理を適切に行っていくために、地下（保存展示）と屋外（野外展示）に関して、継続的に数多くの検討が行われてきた。保存処理は東北大学工学部の猪股宏、東北芸術工科大学の米村祥央、植生は元東北大学植物園の鈴木三男、東北大学植物園の米倉浩司など、関連するさまざまな分野の研究者と、地底の森ミュージアムの学芸員が協力・連携している。

　地下展示室の保存処理は、開館前に心配されたカビの発生はないが、開館以降、塩の析出など、いくつか課題が生じてきたこともあり、それらを一つずつ検討し、展示に活かしてきた。その成果は、地底の森ミュージアムの研究報告や日本文化財科学会の発表で発信している。全国的にも低地の遺跡の調査が増えているなかで、富沢遺跡の保存と活用をめぐり、活発な議論がなされ、保存処理技術の研究が進展することを願っている。

　野外展示では、植生調査を継続するなかで、外来種の除去を行ってきた。

　また、地底の森ミュージアムでは、二万年前の自然環境と旧石器人の活動を復元し、それを来館した数多くの市民へ伝えていくうえで、ボランティアが展示やイベントでたいせつな役割を担っている。この活動は、ボランティアによる自主的な組織で運営されており、開館間もない頃からのメンバーを始めとして、年ごとに新たなメンバーも加わり、六〇人ほどが登録している。ボランティアは、来館者への展示説明やイベントのスタッフとして活躍しており、来館者のアンケートでは、ボランティアのわかりやすい展示説明に感謝の言葉も寄せられている。その理由は、ボランティアが富沢の旧石器人と自然環境をそれぞれに理解し、市民目線で語りかけることにあり、それが好感をもって受け入れられるからだと思う。ボランティアが、展示施設と来館者を言葉で繋ぐことで、そこに旧石器人たちの意識や行動をいっしょに考えることができる小さな輪が生まれるのだろう。

地底の森ミュージアムは、現在、運営を、仙台市より指定を受けた公益財団法人仙台市市民文化事業団が行っている。事業内容は、展示、普及啓発、資料の保管・収集、調査・研究である。その活動は、多彩で積極的であり、二〇一三（平成二十五）年度をみると、展示事業では、通常の年四回の企画展のほか、その間に「はにわの美」や「震災復興パネル展」など、一週間〜一カ月間の小さな企画展を四回開催しており、普及啓発事業では、学校教育との連携（小中学校の授業の実施）、各種普及活動（古代米作りや石器を使ってみる体験学習、旧石器時代に関することや「ザリガニ駆除体験」といった各種講座、館の職員とボランティアが協力して企画した体験イベント「地底の森フェスタ」の実施、中学生の職場体験）が行われている。特別企画展では、初代館長の安部定朔が発案した体験コーナーが継続的に行われており、展示内容とかかわる趣向を凝らした企画が楽しめる。また、二〇一四（平成二十六）年度の特別企画展では、仙台の劇団との連携で「狩人あらわる」というユニークな演出がなされ、新たな地平を広げている。

Ⅶ　二万年前の視覚化と地下のランドマーク

地底の森ミュージアム周辺の景観は、区画整理事業が行われ、地下鉄開通もあって、一九八〇年代以降、宅地化の進行によって変貌の一途をたどっており、現代社会と地下展示室の対照性は、変わりゆく地上と変わらない地下、過ぎ行くときと静止したときを教えてくれる。現代を生きる市民が自己を確認するのに、「われわれはどこにいるのか」と問う時、地底の森ミュージアムは、それを考える一つの定点の位置にある。

1　二万年前の視覚化

地底の森ミュージアムの地下展示室に保存公開されている湿地林跡と野営跡とともに、その調査成果にもとづいて描かれた二枚の復元画（巻頭図版2・3）は、現代とは異なる二万年前の氷河期の植生・景観と旧石器人の活動を具体的な姿で発信している。

この富沢遺跡における「発見」を最初に視覚化させた復元画Aは、発掘調査の成果を市民に知っ

図69 「風が吹いた」(絵：細野修一)

てもらい、地底の森ミュージアムの展示や活動に生かしていくことを目的として細野修一氏によって描かれた。細野氏は、復元画Aの製作など、地底の森ミュージアムの開館前から、長く富沢遺跡にかかわり、開館後も復元画Bの製作や企画展のイラストも手掛けられていたが、その傍ら、自ら、富沢の旧石器人たちをイメージした絵を何枚も描いていた。

それを絵本として、二〇〇〇(平成十二)年に地底の森ミュージアムから刊行したのが『跡 ato 大地の思い出』である。この物語には、二万年前の富沢に広がっていた自然環境とそこでの人類の活動が「跡」として大地に残され、やがては埋まり、一九八八(昭和六十三)年三月に発掘調査で発見されるまでが描かれている。それらの絵のなかには、焚き火のまわりで野営する旧石器人たちが大きな獲物を夢見るシーンや、「跡」が二万年の旅をするというシーンがある。発掘調査報告書からでは生まれないそれらの構図や豊かな発想に、細野氏が富沢遺跡へ注ぐ暖かいまなざしを見る（図69）。そこでは、二万年前に取り逃がした大型草食獣を追う旧石器人の行動に、細野氏の思いが重なっている。

地底の森ミュージアムには、富沢の旧石器人と当時の環境にかかわる復元画や絵本を始めとして、映像と音声による演出や、常設展示や企画展示のさまざまなイラストがあり、子供からお年寄りまで、来館者に展示をわかりやすくしている。視覚表現による情報の共有化は、遺跡から二万年のときを越えて現代社会へメッセージを届けるうえでたいせつな役割を担っているのである。

2 地下のランドマーク

旧石器時代の湿地林跡と野営跡を現地表下五《メートル》で発掘されたままの状態で保存公開する。この企画は、発見当時、前例はなく、きわめてむずかしい計画の策定となった。しかし、前述のように、創意に満ちた土木建築技術と保存処理技術に支えられて実現性を求め、床のない建物構造を考案し、大地と遺跡を切り離さない方法で地底の森ミュージアムは開館した。そして、地上一階建ての建物と氷河期の森は、現在では周囲のビルの高層化によって都市空間の凹部となっている（図70）。その景観は地下に広がる二万年前の世界のサインであり、旧石器時代の地表面を蘇らせた展示室は過去を記憶した地下のランドマークなのである。

図70　地底の森ミュージアム周辺航空写真（写真提供：仙台市教育委員会）

ミュージアムの展示を一巡してから、もう一度この展示室のデッキに立つと、人類が自然とともに生きてきたことを再認識する。最終氷期の環境から、気候変動にともなう動植物相の変化への適応、あるいは自然災害とかかわる行動など、人類は、自然を受け入れながら技術革新を進めてきた。そして、近年、地上では、地球規模の温暖化や大きな震災・火山災害への対応が求められている。

過去の人類・自然と、現代の技術が共存する展示室：ランドマークは、今日的な発信として「人類は、旧石器時代から自然と共生してきたのであり、ときどき立ち止まって、自然をよく理解すべきである」といっているように思えてならない。

地底の森ミュージアム

住　　所　〒982－0012　仙台市太白区長町南四丁目3-1
お問合せ　電話 022-246-9153　FAX 022-246-9158
　　　　　E-mail t-foresto@coral.ocn.ne.jp
開館時間　9時から16時45分（入館は16時15分まで）
休 館 日　月曜（休日を除く）
　　　　　休日の翌日（休日または土日を除く）
　　　　　毎月第４木曜日（休日を除く）
　　　　　年末・年始（12月28日から1月４日）
入 館 料　一般400円、高校生200円、小・中学生100円（ただし、30名以上の団体の場合は、一般320円、高校生160円、小・中学生80円）
交通案内　地下鉄長町南駅より西へ徒歩約５分。
　　　　　JR東北本線長町駅より西へ徒歩約20分。
　　　　　東北自動車道の仙台南インターから東へ約７km。
U　R　L　http://www.city.sendai.jp/kyouiku/chiteinomori/

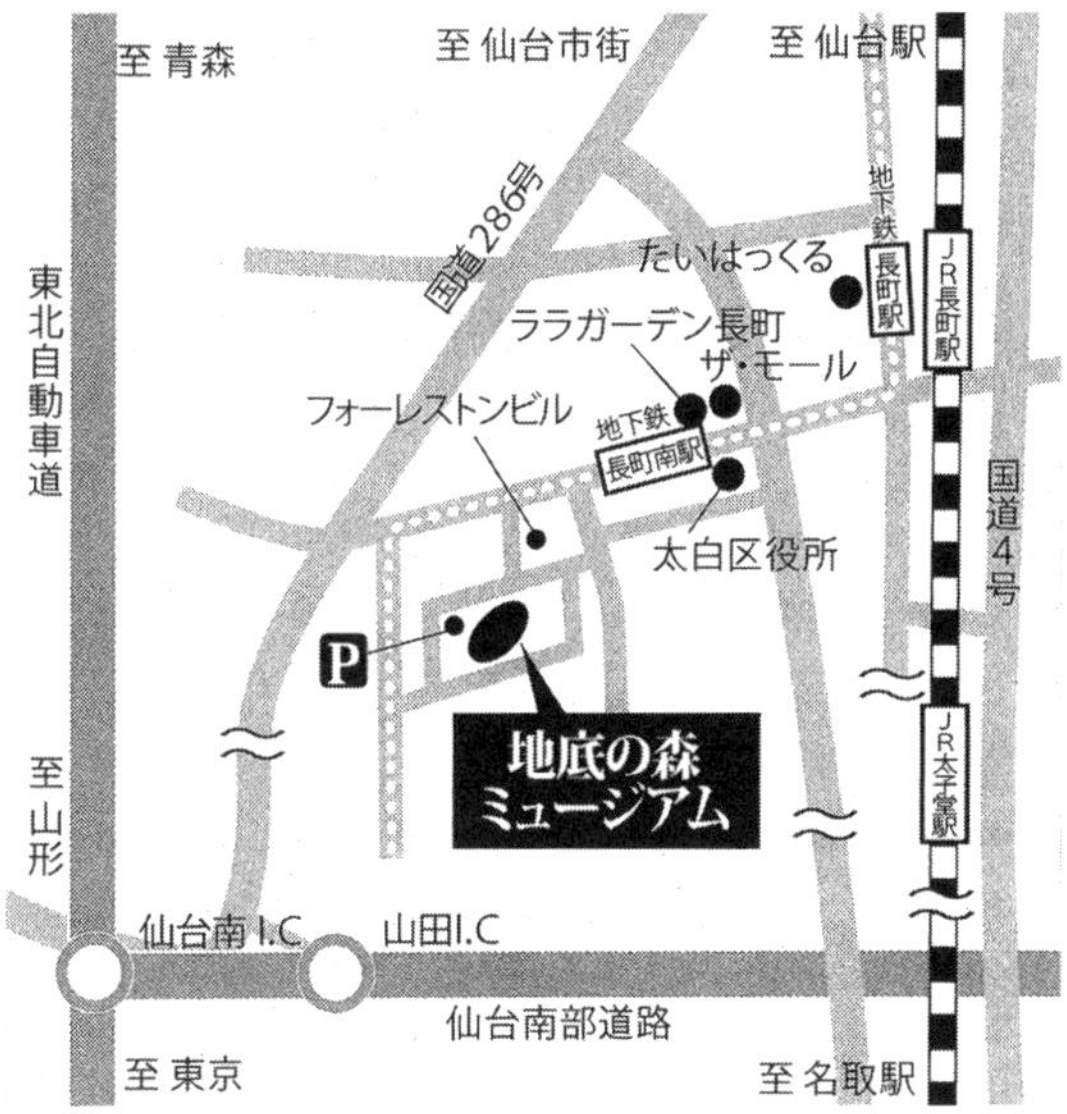

引用・参考文献

阿子島香　一九八九『石器の使用痕』ニュー・サイエンス社

阿部祥人　二〇一〇「旧石器時代文化層における動物遺存体─下北半島尻労安部洞窟近年の調査」『古代文化』六二─二

安斎正人　一九九〇『無文字社会の考古学』六興出版

出穂雅実　二〇一〇「日本列島の上部旧石器時代前半期研究の一視点：現代人的行動の多様性と変異の発現」『人文学報』四三〇　首都大学東京

出穂雅実・赤井文人　二〇〇五「北海道の旧石器編年─遺跡形成過程論とジオアーケオロジーの適用」『旧石器研究』一

稲田孝司　二〇〇一『遊動する旧石器人─先史日本を復元する1』岩波書店

煎本　孝　一九八〇「チペワイアンのトナカイ狩猟活動系」『国立民族学博物館研究報告』五─三

ウッド、B（馬場悠男訳）二〇一四『人類の進化─拡散と絶滅の歴史を探る』丸善出版

大塚宜明　二〇一四「北海道における旧石器文化の始まり─「前半期」石器群の古さ」『日本考古学』三七

大場忠道　二〇〇六「有孔虫の殻の酸素・炭素同位体比にもとづく過去一五万年間の日本海と鹿島灘の環境変化」『地学雑誌』一一五─五

沖縄県埋蔵文化財センター　二〇一三『白保竿根田原洞穴遺跡』

オッペンハイマー、S（仲村明子訳）二〇〇七『人類の足跡一〇万年全史』草思社

小野　昭　二〇一〇「旧石器時代の動物骨・木の利用」『講座日本の考古学一旧石器時代（上）』青木書店

小野有五・五十嵐八枝子　一九九一『北海道の自然史』北海道大学図書刊行会

小畑弘己　二〇〇三「東シベリア・極東先史時代の顔料関連資料について」『旧石器考古学』六四
海部陽介　二〇〇五『人類がたどってきた道』日本放送出版協会
化石研究会　二〇一〇『化石研究会誌―北海道忠類ナウマンゾウ産出地点の再調査報告』特別号四
加藤真二　二〇〇〇『中国北部の旧石器文化』同成社
加藤博文　二〇〇九「シベリアにおける細石刃石器群（上）」『旧石器考古学』七二
鹿又喜隆　二〇一三「北海道における初期細石刃石器群の機能研究―千歳市柏台1遺跡出土石器の使用痕分析」『旧石器研究』九
河村善也　二〇一〇「更新世の哺乳類」『講座日本の考古学1旧石器時代（上）』青木書店
菊池強一・黒田篤史・小向裕明・小笠原晋・武田良夫　二〇一二「金取遺跡の調査とその後の新資料」『旧石器考古学』七六
北川浩之　二〇一三「水月湖年縞堆積物のC14年代測定」『Isotope News』七〇八
木村英明　一九九七『シベリアの旧石器文化』北海道大学図書刊行会
旧石器文化談話会編　二〇〇〇『旧石器考古学辞典』学生社
吉良竜夫　一九七一『生態学からみた自然』河出書房新社
工藤雄一郎　二〇一二『旧石器・縄文時代の環境文化史』新泉社
工藤雄一郎　二〇一四「後期旧石器時代の広域編年対比にむけて―C14年代測定の高精度化と較正年代による年代観の変化」『旧石器研究』一〇
国武定克　二〇〇八「回廊領域仮説の提唱」『旧石器研究』四
国立歴史民俗博物館　二〇〇三『炭素14年代測定と考古学』
小林和貴・吉川純子・鈴木三男　二〇〇〇「東北地方における最終氷期のトウヒ属化石のＤＮＡによる種同定」『植生史研究』八―二

斎野裕彦　一九九六「地底の森ミュージアムの開館」『月刊文化財』三九九
斎野裕彦　一九九八「二万年前の氷河期世界を保存する」『科学』六八―四
斎野裕彦　二〇〇三「旧石器時代の湿地林（富沢遺跡）」『地球環境調査計測事典第二巻陸域編②』フジテクノシステム
斎野裕彦　二〇〇三「富沢遺跡第三〇次調査―旧石器時代の湿地林」『環境考古学マニュアル』同成社
坂本　稔　二〇一〇「較正曲線と日本産樹木―弥生から古墳へ」『第五回年代測定と日本文化研究シンポジウム予稿集』加速器分析研究所
佐藤宏之　二〇〇〇『北方狩猟民の民族考古学』北海道出版企画センター
佐藤宏之　二〇一〇「陥し穴猟」『講座日本の考古学二旧石器時代（下）』青木書店
佐藤祐輔・奥西将之　二〇一四「仙台市富沢遺跡保存館における遺跡保存の取り組み」『日本文化財科学会第三一回大会研究発表要旨集』
篠田謙一編　二〇一三『化石とゲノムで探る人類の起源と拡散』日経サイエンス社
鈴木忠司　二〇一〇「旧石器時代遺跡の立地」『講座日本の考古学一旧石器時代（上）』青木書店
ストリンガー、C・アンドリュース、P（馬場悠男・道方しのぶ訳）二〇一二『改訂普及版人類進化大全』悠書館
ウェルズ、S（和泉裕子訳）二〇〇七『アダムの旅』バジリコ株式会社
仙台市教育委員会　一九八七『富沢遺跡第一五次発掘調査報告書』
仙台市教育委員会　一九八九『富沢遺跡・泉崎浦遺跡』
仙台市教育委員会　一九九一『富沢遺跡第三〇次発掘調査報告書第Ⅰ分冊縄文～近世編』
仙台市教育委員会　一九九二『富沢遺跡第三〇次発掘調査報告書第Ⅱ分冊旧石器時代編』（Ⅰ区基本層25層出土石器、Ⅲ区基本層26層出土石器を除く）
仙台市教育委員会　一九九五『富沢・泉崎浦・山口遺跡（8）』

仙台市教育委員会　二〇一一『富沢遺跡第一四五次発掘調査報告書』
仙台市教育委員会　二〇一三『富沢遺跡第一四六次発掘調査報告書』
仙台市史編さん委員会　二〇〇五『仙台市史通史編1原始旧石器時代［改訂版］』
仙台市富沢遺跡保存館　一九九六『氷河期を生きる―2万年前の旧石器人と動物たち』（開館記念特別企画展展示解説図録）
仙台市富沢遺跡保存館　一九九六『地底の森ミュージアム常設展示案内』
仙台市富沢遺跡保存館　二〇〇六『氷河期を生きる―2万年前の日本列島』（開館一〇周年記念特別企画展展示解説図録）
仙台市富沢遺跡保存館　二〇〇七『仙台市富沢遺跡保存館研究報告一〇』
仙台市富沢遺跡保存館　二〇一四『地底の森ミュージアム・縄文の森広場年報二〇一四』
仙台市富沢遺跡保存館　二〇一四『ザ・ハンター―狩人の石器』（平成二六年度特別企画展展示解説図録）
高橋啓一　二〇〇七「日本列島の鮮新・更新世における陸生哺乳類動物相の形成過程」『旧石器研究』三
田中二郎　一九九四『最後の狩猟採集民』どうぶつ社
田村　隆　二〇〇八「旧石器時代から縄文時代の狩りの道具」『貝塚』六七
辻誠一郎　二〇〇〇「生態系の復元」『考古学と植物学』同成社
堤　隆　二〇〇九『ビジュアル版旧石器時代ガイドブック』新泉社
東京天文台編　二〇一三『理科年表平成二六年』丸善出版株式会社
中村俊夫　二〇〇三「放射性炭素年代測定法と暦年代較正」『環境考古学マニュアル』同成社
中村俊夫　二〇一二「放射性炭素年代測定の精度の革新」『化学』六八―一〇
西秋良宏編　二〇一三『ホモ・サピエンスと旧人―旧石器考古学から見た交代劇』六一書房
西田正規　一九八六『定住革命―遊動と定住の人類史』新曜社

日本考古学協会　二〇〇三　『前・中期旧石器問題の検証』
野口　淳　二〇一三　「現代人は、いつ、どのようにして世界へ広がっていったのか—出アフリカ・南まわりルートの探求—」『古代文化』六五—三
長谷川陽一・鈴木三男　二〇一三　「仙台市富沢遺跡のモミ属花粉化石からのDNA増幅と種同定に関する試み」『植生史研究』二一—一
フィンレイソン、C（上原直子訳）　二〇一三　『そして最後にヒトが残った』白揚社
平塚幸人　二〇〇三　「仙台市富沢遺跡保存館における遺跡の温湿度計測結果について—二〇〇二年」『仙台市富沢遺跡保存館研究報告6』
平塚幸人　二〇〇四　「仙台市富沢遺跡保存館における保存処理に関する調査報告—温湿度・土壌」『仙台市富沢遺跡保存館研究報告7』
平塚幸人　二〇〇五　「仙台市富沢遺跡保存館における保存処理に関する分析調査報告—温湿度・樹木」『仙台市富沢遺跡保存館研究報告8』
平塚幸人　二〇〇六　「仙台市富沢遺跡保存館における保存処理に関する分析調査報告—温湿度・地下水」『仙台市富沢遺跡保存館研究報告9』
福井淳一　二〇〇三　「北海道における旧石器時代の顔料」『旧石器考古学』六四
藤井理行・本山秀明編　二〇一一　『アイスコア—地球環境のタイムカプセル』成山堂書店
細野修一　二〇〇〇　『跡ato—大地の思い出』仙台市富沢遺跡保存館
北海道埋蔵文化財センター　一九九九　『柏台1遺跡』
町田　洋・新井房夫　二〇〇三　『新編火山灰アトラス—日本列島とその周辺』東京大学出版会
松井裕之他　一九九八　「最終氷期の海水準変動に対する日本海の応答—塩分収支モデルによる陸橋成立の可能性の検証—」『第四紀研究』三七

松田　陽・岡村勝行　二〇一四　『入門パブリック・アーケオロジー』同成社
モーウッド、M・オオステルチィ、P（馬場悠男監訳・仲村明子訳）　二〇〇八　『ホモ・フロレシエンシス（上・下）』日本放送出版協会
森　勇一　二〇〇〇　「珪藻」『考古学と植物学』同成社
山岡拓也　二〇〇七　「環境生態と適応」『ゼミナール旧石器考古学』同成社
山田　哲　二〇〇〇　「炉址周辺における遺物分布の検討」『考古学ジャーナル』四六五
山田しょう　二〇〇八　「石器の機能から見た旧石器時代の生活」『旧石器研究』四
山中一郎　二〇一二　「ヨーロッパに入り込んだ最初のヒトの跡を追って」『古代文化』六四―三
ランガム、R（依田卓巳訳）　二〇一〇　『火の賜物―ヒトは料理で進化した』NTT出版
ロバーツ、A（野中香方子訳）　二〇一三　『人類二〇万年はるかな旅路』文芸春秋

本書における富沢遺跡に関する巻頭図版、本文中の図・表の出典は以下の通りである。
仙台市教育委員会一九八九：図1・8・9、同一九九一：図10・13、同一九九二：図版1・2・4・5・7、図12・21～25・27～34・36～38・40～43・45～50、表1・3・4・6、同二〇一三：図7、仙台市史編さん委員会二〇〇五：図版1・3、図14～17・26・51・52、仙台市富沢遺跡保存館（地底の森ミュージアム）一九九六（常設展示）：図版6、図6・39・44・61・63・68、同一九九六（企画展示）：図18・59・60、同二〇一四：図64・65・66・67（これらの中には、加筆あるいは一部改変を行っている図がある）

あとがき

この本の話をいただいてから、六〜七年が経っただろうか。その内容は、旧石器時代の富沢遺跡の紹介と、今日的な理解で、対象には一般の読者も含まれていた。そこで最初に思ったのは、わかりやすく伝えるのに、絵描きの細野修一さんと新たな復元画をつくりたいということだった。しかし、その元となる原稿がなかなか進まないなかで、二〇一二年の夏、細野さんが他界してしまう。細野さんとは個人的にも親しい付き合いがあったので、残念で仕方がなかった。そんな折、地底の森ミュージアムで、細野さんの追悼展が開かれて、東京から奥さまの千恵子さんや、細野さんの友人の方々がおいでになった。いっしょに展示を見ながらさまざまなイラストや復元画などと「再会」し、復元画の成長を共有したことが、書き進めるきっかけとなった。それから数年、紆余曲折を経て、ようやく書き上げることができた。一読して、さっそくスケッチを始めながら、静かにアイデアを話しかけてくる細野さんの姿が目に浮かぶ。叶わぬ夢とはなったが、その新たな復元画は、読者の方々の創造に委ねることにしよう。

さて、私と富沢遺跡との付き合いであるが、一九八二年の遺跡発見のときからで、三〇年以上になる。その間、近世から旧石器時代まで、数多くの事柄を学ばせてもらっており、まだまだ課題も与えられている。本書もその一つなのだろうが、こうしたときには、二文字の応援メッセージをときどき見るようにしている。第一五次調査報告書の題字「富沢」である。父茂雄が書いてくれたもので、「トミザ

富沢

ワレ！」と読むらしい。そんな父とは、富沢の旧石器時代にかかわる思い出もある。本書図11の朝刊記事を真っ先に見つけた父が、慌てて枕元まで知らせに来てくれたのである。「朝日の一面だ」という言葉の響きが、いつまでも耳に残っている。地底の森ミュージアムの開館を見ずに他界してしまったが、本書を捧げたいと思う。そして、本書の刊行を最初に知らせたいのは、いっしょに暮している母ゆき子、妻真由美と、二人のこどもたちである。いつも、考古学に関することには無言の理解と協力をもらっているので、この場を借りて、感謝の気持ちを表しておこう。ありがとう。

最後に、本書の作成・刊行に際して、細野千恵子さんには復元画の掲載を快く承諾していただき、出穂雅実氏、福井淳一氏、山田しょう氏をはじめとして、多くの方々に、関係する文献の提供や貴重なご教示、ご配慮をいただいた。記して感謝したい。また、同成社の佐藤涼子さん、工藤龍平氏には、長い間、辛抱強く原稿を待っていただいた。お二人にも感謝したい。

二〇一五年一月三日

著者

菊池徹夫
坂井秀弥　企画・監修「日本の遺跡」

50　富沢遺跡《とみざわいせき》

■著者略歴■

斎野　裕彦（さいの・ひろひこ）

1956年、宮城県生まれ
東北学院大学文学部史学科卒業
現在、仙台市教育委員会文化財課
主要著作論文
「農具－石庖丁・大型直縁刃石器・石鎌」『考古資料大観9　石器・石製品・骨角器』小学館、2002年
「東北地域」『講座日本の考古学5　弥生時代（上）』青木書店、2011年
「仙台平野中北部における弥生時代・平安時代の津波痕跡と集落動態」『東北地方における環境・生業・技術に関する歴史動態的総合研究』東北芸術工科大学（科研報告）、2012年（第4回日本考古学協会奨励賞受賞：2014年）

2015年9月10日発行

著　者　斎　野　裕　彦
発行者　山　脇　洋　亮
印　刷　亜細亜印刷㈱
製　本　協　栄　製　本㈱

発行所　東京都千代田区飯田橋4-4-8
（〒102-0072）東京中央ビル　㈱ 同成社
TEL　03-3239-1467　振替　00140-0-20618

ISBN978-4-88621-710-3 C3321

シリーズ　日本の遺跡

菊池徹夫・坂井秀弥　企画・監修　　四六判・本体価格各1800円

【既刊】（地域別）

〔北海道・東北〕

⑩白河郡衙遺跡群（福島）鈴木　功
⑫秋田城跡（秋田）伊藤武士
⑬常呂遺跡群（北海道）武田　修
⑰宮畑遺跡（福島）斎藤義弘
⑲根城跡（青森）佐々木浩一
㉗五稜郭（北海道）田原良信
㉚多賀城跡（宮城）高倉敏明
㉛志波城・徳丹城跡（岩手）西野　修
㉞北斗遺跡（北海道）松田　猛
㉟郡山遺跡（宮城）長島榮一
㊽三内丸山遺跡（青森）岡田康博
㊿富沢遺跡（宮城）斎野裕彦

〔関東〕

③虎塚古墳（茨城）鴨志田篤二
㉓寺野東遺跡（栃木）江原・初山
㉕侍塚古墳と那須国造碑（栃木）眞保昌弘
㉙飛山城跡（栃木）今平利幸
㊱上野三碑（群馬）松田　猛
㊶樺崎寺跡（栃木）大澤伸啓
㊻加曽利貝塚（千葉）村田六郎太

〔中部〕

⑤瀬戸窯跡群（愛知）藤澤良祐
⑮奥山荘城館遺跡（新潟）水澤幸一
⑱王塚・千坊山遺跡群（富山）大野英子
㉑昼飯大塚古墳（岐阜）中井正幸
㉒大知波峠廃寺跡（静岡・愛知）後藤建一
㉔長者ヶ原遺跡（新潟）木島・寺崎・山岸
㊼荒屋遺跡（新潟）沢田　敦

〔近畿〕

⑥宇治遺跡群（京都）杉本　宏
⑦今城塚と三島古墳群（大阪）森田克行
⑧加茂遺跡（大阪）岡野慶隆
⑨伊勢斎宮跡（三重）泉　雄二
⑪山陽道駅家跡（兵庫）岸本道昭
⑳日根荘遺跡（大阪）鈴木陽一
㊲難波宮跡（大阪）植木　久
㊸伊勢国府・国分寺跡（三重）新田　剛
㊺唐古・鍵遺跡（奈良）藤田三郎

〔中国・四国〕

⑭両宮山古墳（岡山）宇垣匡雅
⑯妻木晩田遺跡（鳥取）高田健一
㉝吉川氏城館跡（広島）小都　隆
㊴湯築城跡（愛媛）中野良一
㊷鬼ノ城（岡山）谷山雅彦
㊹荒神谷遺跡（島根）足立克己
㊾長登銅山跡（山口）池田善文

〔九州・沖縄〕

①西都原古墳群（宮崎）北郷泰道
②吉野ヶ里遺跡（佐賀）七田忠昭
④六郷山と田染荘遺跡（大分）櫻井成昭
㉖名護屋城跡（佐賀）高瀬哲郎
㉘長崎出島（長崎）山口美由紀
㉜原の辻遺跡（長崎）宮崎貴夫
㊳池辺寺跡（熊本）網田龍生
㊵橋牟礼川遺跡（鹿児島）鎌田・中摩・渡部